子どもが夢中になる！

1〜5歳児の

季節
あそび
133

アトリエ自遊楽校・
渡辺リカ 著

ナツメ社

もくじ

この本の4つの特色 …… 6
ページの見方 …… 7
年齢別 あそびさくいん …… 8
季節あそびのススメ …… 10

春

自然あそび

おはなし魚 …… 12
フラワーケーキ …… 12
飛べ！ アカツメン …… 13
シロツメくん
アカツメちゃん …… 13
タンポポライオン …… 14
お花がキラキラ …… 14
水タンポポ …… 15
ぽわぽわ綿毛ボール …… 15
ツツジモビール …… 16
三目並べ …… 16
春でおしゃれさん …… 17
ニョッキリ タンポポ …… 18

造形あそび

わたし、カタツムリ！ …… 19
春のたまご …… 20
ペッタンチョウチョウ …… 21
トコトコ青虫くん …… 22
てんてんテントウムシ …… 23
サクラさいた …… 23
くるくるグリーンロード …… 24
ナノハナ、さいた！ …… 25
おてての森 …… 26
くっつきこいのぼり …… 27
パックン！ こいのぼり …… 28
マイ ウオッチ …… 29
春風にパラシュート …… 30
雨あめふれふれ！ …… 31
カラフルアンブレラ …… 32
ぽよよんテルテル …… 33
のぞいて探検隊 …… 34

みんなであそぼう

お花のトンネル …… 35
友だちシュート …… 36
走れ カタツムリ …… 37
ふわふわかくれんぼ …… 38
せんせん線がいっぱい …… 39
友だちキャッチ！ …… 40
花びらヒラヒラ …… 41
ツクシ ニョキニョキ！ …… 42

夏

自然あそび

エノコロワンワン
＆お人形 …………… 44

エノコロさむらい ………… 45

エノコロダンサー ………… 45

ミニ花かご ……………… 46

お花寿司 ………………… 47

フラワーピザ …………… 47

ぼくら葉っぱ隊 ………… 48

小鳥のベッド …………… 48

アサガオジュース屋さん … 49

花や草で描こう ………… 50

造形あそび

夏の虫 大集合 ………… 51

タコちょうちん ………… 52

おしゃべりカエル ………… 53

キラキラ天の川 ………… 54

パチパチ線香花火 ……… 55

カラフルネックレス ……… 56

透明ブレスレット ……… 56

なりきりお面 …………… 57

どすんこ粘土 …………… 58

みんなの船に乗って …… 59

いらっしゃいませ、
夏祭り！ ………………… 60

カラフルシャワー ……… 62

フシギな絵の具 ………… 63

みんなであそぼう

さかさまジュース ……… 64

ぷかぷか魚すくい ……… 65

あわあわスイーツ ……… 66

お野菜シャボン玉 ……… 67

ひんやりヘビ …………… 68

流星シャララン！ ……… 69

落とすなボヨヨン ……… 70

くっつけクモの巣 ……… 71

お好み焼き占い！ ……… 72

せーの！
さかさ！

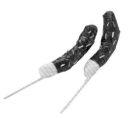

もくじ

秋

自然あそび

どんぐりシーソー …………… 74

ダチョウの逆上がり …………… 75

木の実でんでん …………… 75

どんぐりスネーク …………… 76

どんぐりコロコロ …………… 77

木の葉仮面 …………… 78

葉っぱ虫図鑑 …………… 79

秋の葉水族館 …………… 79

木の葉で
ファッションショー …………… 80

落ち葉の宝探し …………… 80

葉っぱの森 …………… 81

葉っぱでビンゴ …………… 82

オナモミアタック …………… 82

造形あそび

へんてこパレード …………… 83

オバケちゃん はーい！ …………… 84

ならそうシャンシャン …………… 85

袋で変身 …………… 85

フライングモンスター …………… 86

忍者スルスル …………… 87

おいしいブドウ …………… 88

クモくんのおうち …………… 89

キ、キ、キノコちゃん …………… 90

おしゃれな帽子屋さん …………… 91

飛べ！
トンボとチョウチョウ …………… 92

重ねて重ねて …………… 93

フードコートへ
いらっしゃい …………… 94

みんなであそぼう

おいしいこの子は
だあれ？ …………… 95

落とすな、どんぐり！ …………… 95

変身！ なぞの魔法使い …………… 96

コロコロゴロゴロ、
なんの音？ …………… 97

必殺！ 忍者くぐり …………… 98

満月ウサギ …………… 99

ピラミッド作ろう！ ……100

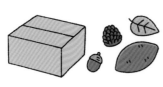

冬

自然あそび

おしゃれミノムシ ……… 102

ぼっくりアニマル ……… 103

森のクリスマスケーキ … 103

この木、なんの木? …… 104

どんぐりいくつ、
取れるかな? ………… 104

葉っぱのカーテン ……… 105

キラキラ宝石探し ……… 106

葉っぱのアイスボール … 106

つららつらら、
長くなーれ! ………… 107

冬のかき氷 …………… 107

造形あそび

焼きもち、プーッ!! …… 108

羽子板さん …………… 109

わたしのお顔作り ……… 110

くっつきオニくん! …… 111

おしゃれ雪だるま ……… 112

おさんぽ♪雪だるま …… 113

落花生のおひなさま …… 114

飛べ! おひなさま …… 114

おしゃれなリンゴちゃん 115

コロコロウサギ ……… 116

はい、チーズ ………… 117

おしゃれマフラー ……… 118

みんなであそぼう

新聞おんせん …………… 119

つながれ、段ボール …… 120

ぼよよん雪玉 …………… 121

オニさんはくいしんぼう 122

お名前リレー …………… 123

ひろって! お年玉 …… 124

友だちカルタ …………… 125

オニは〜、そこ! ……… 126

急いで! 冬支度 ……… 127

この本の4つの特色

"写真たっぷり"で133本のあそびを紹介

自然あそびや造形あそびの作品はもちろん、子どもたちが製作している姿や、実際に作品であそぶ姿など、写真が満載。この本を読むと、子どもたちとあそぶイメージが次々にわいてきます。

保育で役立つ情報が盛りだくさん

あそびのねらいを表した「着目しよう!」や、あそびの「ポイント」、「注意」、「言葉かけ」など、知っておくと便利な情報をわかりやすく紹介。子どもたちとあそぶときの参考にしてください。

あそびを3つに分けているので使いやすい

この本では、各季節のあそびを「自然あそび」「造形あそび」「みんなであそぼう」の3つに分けています。子どもたちの月齢や姿、天候などにも気を配りながら、楽しく取り組めるあそびを選びましょう。

年齢表記があるので探しやすい!

年齢別 あそびさくいん（P.8）付きだから、子どもの発達に合ったあそびがすぐに見つかります。ただし、年齢は目安です。保育者のサポートや準備の工夫次第で、さらに子どもたちが楽しくあそべるようになるでしょう。

ページの見方

⑤ ちょっとアレンジ

⑥ 保育者の援助

---

① 造形あそび

春風にパラシュート ④⑤歳

② 着目しよう！ 風でパラシュートのかさが開いて落ちる様子を楽しむ。

⑦ 準備するもの
カラーポリ袋、トイレットペーパー芯、たこ糸、色画用紙、柄入り折り紙

⑧ 作り方

⑨
9cm
30cm
たこ糸
30cm四方のカラーポリ袋を図のように8角形に切り、角にたこ糸をつけます。

たこ糸を同じ長さで4本ずつまとめ、テープでとめます。

色画用紙
柄入り折り紙
トイレットペーパー芯に柄入り折り紙を巻き、手や足を色画用紙で作ります。目鼻を描きます。

4本ずつ
4本に束ねたたこ糸を、トイレットペーパー芯の中に左右に分けて貼ります。

↑それぞれの角にたこ糸をつけます。

！注意
高いところであそぶ場合、保育者は子どものそばにつき安全を確保します。

遊び方
少し高いところから、カラーポリ袋の真ん中をつまむようにして投げてみましょう。

雨あめふれふれ！ ①②③歳

② 着目しよう！ 絵筆でいろいろな動きを楽しむ。

準備するもの
絵の具、カップ、白いクラフト紙、絵筆（大・中・小）

作り方

濃いめに
カップに濃いめの溶き絵の具を作ります。

ポツ
ポツ
サーッ
サーッ
ザーッ
ザーッ
①小筆（赤ちゃん筆）で「ポツポツ」やさしく点を打ちます。
②中筆（お母さん筆）で「サーッサーッ」流れるように描きます。
③大筆（お父さん筆）で「ザーザーッ」力強く太く描きます。

言葉かけ ⑪
いろいろな雨が降ってきたね

⑩ ポイント
手先だけでなく腕全体を動かして、いろいろな雨を降らせましょう。

！注意
友だちと一緒に描いていくので、友だちの描いた柄の上は避けるように誘導します。 ④

造形あそび

30   31

---

① あそびのカテゴリー
春、夏、秋、冬の季節ごとに「自然あそび」「造形あそび」「みんなであそぼう」の3つに分類。

② 着目しよう！
あそびを通じて、経験させたいことや感じさせたいことなど、あそびのテーマやねらいになることを表します。

③ 年齢別
1〜5歳児まで、あそびの対象年齢の目安を表示しています。

④ 注意
子どもがケガなどしないよう、製作の準備やあそぶときに気をつけたい事柄を示します。

⑤ ちょっとアレンジ
あそびにひと工夫プラスすることで、あそびがさらに展開するアイデアを紹介します。

⑦ 準備するもの
ハサミ、のり、セロハンテープなど、基本的なもの以外に必要な材料や道具です。
ペンは水性ペンを表し、油性ペンが必要な場合は、ペン（油性）と示しています。
絵の具を使用するときは、パレットやバケツ、ぞうきんを忘れずにご用意ください。

⑥ 保育者の援助
保育者が少しサポートしたり、言葉かけをすることで、子どもが自ら気づき、すすんであそべるようになるヒントを掲載しています。

⑧ 作り方
作る工程がわかりやすいよう、イラストや写真を用いて紹介しています。

⑨ 保育者の準備
子どもには難しい、キリで穴をあけるなど、保育者が事前に準備しておきたい内容です。

⑩ ポイント
あそびを盛り上げるヒントとなる内容や、環境設定で気をつけたいところなどを示します。

⑪ 言葉かけ
あそぶ前やあそんでいるなかで、子どもの興味を引き出す保育者の言葉を紹介します。

年齢別あそびさくいん

1～3歳児

春
- 【自然あそび】 お花がキラキラ ……… 14
- 【造形あそび】 てんてんテントウムシ ……… 23
- 【造形あそび】 サクラさいた ……… 23
- 【造形あそび】 雨あめふれふれ！ ……… 31
- 【みんなであそぼう】 お花のトンネル ……… 35
- 【みんなであそぼう】 ふわふわかくれんぼ ……… 38

夏
- 【自然あそび】 エノコロワンワン＆お人形 ……… 44
- 【造形あそび】 おしゃべりカエル ……… 53
- 【みんなであそぼう】 ひんやりヘビ ……… 68

秋
- 【自然あそび】 木の実でんでん ……… 75
- 【自然あそび】 落ち葉の宝探し ……… 80
- 【造形あそび】 キ、キ、キノコちゃん ……… 90

冬
- 【自然あそび】 キラキラ宝石探し ……… 106
- 【自然あそび】 冬のかき氷 ……… 107
- 【みんなであそぼう】 新聞おんせん ……… 119

2～4歳児

春
- 【自然あそび】 フラワーケーキ ……… 12
- 【自然あそび】 水タンポポ ……… 15
- 【自然あそび】 春でおしゃれさん ……… 17
- 【造形あそび】 トコトコ青虫くん ……… 22
- 【造形あそび】 ナノハナ、さいた！ ……… 25
- 【造形あそび】 くっつきこいのぼり ……… 27
- 【造形あそび】 のぞいて探検隊 ……… 34
- 【造形あそび】 友だちキャッチ！ ……… 40

夏
- 【自然あそび】 フラワーピザ ……… 47
- 【造形あそび】 パチパチ線香花火 ……… 55
- 【造形あそび】 カラフルネックレス ……… 56
- 【造形あそび】 カラフルシャワー ……… 62
- 【造形あそび】 フシギな絵の具 ……… 63
- 【みんなであそぼう】 あわあわスイーツ ……… 66
- 【みんなであそぼう】 お野菜シャボン玉 ……… 67

秋
- 【自然あそび】 木の葉仮面 ……… 78
- 【造形あそび】 オバケちゃん はーい！ ……… 84
- 【造形あそび】 ならそうシャンシャン ……… 85
- 【造形あそび】 おいしいブドウ ……… 88
- 【みんなであそぼう】 おいしいこの子はだあれ？ ……… 95
- 【みんなであそぼう】 コロコロゴロゴロ、なんの音？ ……… 97

冬
- 【自然あそび】 森のクリスマスケーキ ……… 103
- 【自然あそび】 どんぐりいくつ、取れるかな？ ……… 104
- 【自然あそび】 つらら つらら、長くなーれ！ ……… 107
- 【造形あそび】 焼きもち、プーッ!! ……… 108
- 【造形あそび】 くっつきオニくん！ ……… 111
- 【造形あそび】 おしゃれ雪だるま ……… 112
- 【造形あそび】 おさんぽ♪雪だるま ……… 113
- 【造形あそび】 落花生のおひなさま ……… 114
- 【造形あそび】 おしゃれなリンゴちゃん ……… 115
- 【みんなであそぼう】 オニさんはくいしんぼう ……… 122
- 【みんなであそぼう】 ひろって！ お年玉 ……… 124
- 【みんなであそぼう】 急いで！ 冬支度 ……… 127

3～5歳児

春
- 【自然あそび】 おはなし魚 ……… 12
- 【造形あそび】 わたし、カタツムリ！ ……… 19
- 【造形あそび】 春のたまご ……… 20
- 【造形あそび】 パックン！ こいのぼり ……… 28
- 【造形あそび】 カラフルアンブレラ ……… 32
- 【造形あそび】 ぼよよんテルテル ……… 33
- 【みんなであそぼう】 友だちシュート ……… 36
- 【みんなであそぼう】 走れ カタツムリ ……… 37
- 【みんなであそぼう】 せんせん線がいっぱい ……… 39
- 【みんなであそぼう】 花びらヒラヒラ ……… 41
- 【みんなであそぼう】 ツクシ ニョキニョキ！ ……… 42

夏
- 【自然あそび】 エノコロさむらい ……… 45
- 【自然あそび】 お花寿司 ……… 47
- 【自然あそび】 小鳥のベッド ……… 48

【自然あそび】	アサガオジュース屋さん	49
【造形あそび】	キラキラ天の川	54
【造形あそび】	透明ブレスレット	56
【造形あそび】	なりきりお面	57
夏 【造形あそび】	どすんこ粘土	58
【造形あそび】	いらっしゃいませ、夏祭り！	60
【みんなであそぼう】	さかさまジュース	64
【みんなであそぼう】	ぷかぷか魚すくい	65
【みんなであそぼう】	くっつけクモの巣	71
【みんなであそぼう】	お好み焼き占い！	72
【自然あそび】	どんぐりシーソー	74
【自然あそび】	ダチョウの逆上がり	75
【自然あそび】	どんぐりスネーク	76
【自然あそび】	木の葉でファッションショー	80
【自然あそび】	葉っぱでビンゴ	82
【自然あそび】	オナモミアタック	82
【造形あそび】	へんてこパレード	83
秋 【造形あそび】	袋で変身	85
【造形あそび】	忍者スルスル	87
【造形あそび】	おしゃれな帽子屋さん	91
【造形あそび】	重ねて重ねて	93
【造形あそび】	フードコートへいらっしゃい	94
【みんなであそぼう】	落とすな、どんぐり！	95
【みんなであそぼう】	満月ウサギ	99
【みんなであそぼう】	ピラミッド作ろう！	100
【自然あそび】	おしゃれミノムシ	102
【自然あそび】	この木、なんの木？	104
【自然あそび】	葉っぱのアイスボール	106
【造形あそび】	羽子板さん	109
冬 【造形あそび】	わたしのお顔作り	110
【造形あそび】	飛べ！おひなさま	114
【造形あそび】	はい、チーズ	117
【みんなであそぼう】	つながれ、段ボール	120
【みんなであそぼう】	お名前リレー	123

4・5歳児

春 【自然あそび】	飛べ！アカツメン	13

【自然あそび】	シロツメくん アカツメちゃん	13
【自然あそび】	タンポポライオン	14
【自然あそび】	ぽわぽわ綿毛ボール	15
【自然あそび】	ツツジモビール	16
【自然あそび】	三目並べ	16
春 【自然あそび】	ニョッキリ タンポポ	18
【造形あそび】	ペッタンチョウチョウ	21
【造形あそび】	くるくるグリーンロード	24
【造形あそび】	おてての森	26
【造形あそび】	マイ ウオッチ	29
【造形あそび】	春風にパラシュート	30
【自然あそび】	エノコロダンサー	45
【自然あそび】	ミニ花かご	46
【自然あそび】	ぼくら葉っぱ隊	48
【自然あそび】	花や草で描こう	50
夏 【造形あそび】	夏の虫 大集合	51
【造形あそび】	タコちょうちん	52
【造形あそび】	みんなの船に乗って	59
【みんなであそぼう】	流星シャララン！	69
【みんなであそぼう】	落とすなボヨヨン	70
【自然あそび】	どんぐりコロコロ	77
【自然あそび】	葉っぱ虫図鑑	79
【自然あそび】	秋の葉水族館	79
【自然あそび】	葉っぱの森	81
【造形あそび】	フライングモンスター	86
秋 【造形あそび】	クモくんのおうち	89
【造形あそび】 飛べ！トンボとチョウチョウ		92
【みんなであそぼう】 変身！なぞの魔法使い		96
【みんなであそぼう】	必殺！忍者くぐり	98
【自然あそび】	ぼっくりアニマル	103
【自然あそび】	葉っぱのカーテン	105
冬 【造形あそび】	コロコロウサギ	116
【造形あそび】	おしゃれマフラー	118
【みんなであそぼう】	ぼよよん雪玉	121
【みんなであそぼう】	友だちカルタ	125
【みんなであそぼう】	オニは〜、そこ！	126

季節あそびの ススメ

「この季節にはこれをしなければ！」とかたく構えずに、
子どもたちと外に出てみよう。

「今日の空はどんな色？」
「あの木の葉っぱの色、変わったんじゃない？」
「お花は咲いた後、どうなるの？」
「どんぐりから、不思議なニョロニョロ出てきたよ！」

たとえあなたが草木の名前を知らなくても、大丈夫。
子どもたちといろんな発見、驚きを共有するのが、
自然とあそぶ一番のポイント。

園庭や、公園、近くの遊歩道、園まで来る道すがら。
小さな自然の中にも、
「あそび」のヒントはたくさんあります。
自然からもらったヒントを取り入れながら、
「季節あそび」を楽しんでください。

アトリエ自遊楽校
渡辺リカ

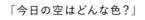

春

小さな芽が顔を出し、花が咲き始めると、
チョウチョウや虫たちが
楽しそうに飛び回ります。
暖かい春をめいっぱい楽しみましょう。

◇ **自然あそび** ………… 12

◇ **造形あそび** ………… 19

◇ **みんなであそぼう** ………… 35

Happy

シロツメクサ
アカツメクサ

✓ 着目しよう!

丸い花を飾りや顔にして、見立てあそびを楽しむ。

準備するもの

シロツメクサ、アカツメクサ、葉、木製の洗濯ばさみ、両面テープ、ペン

作り方

木製の洗濯ばさみに両面テープを貼り、花を頭に、葉をひれに見立てて貼ります。目を描いて完成。パクパク口を動かします。

① ② 3 4 5 歳児

おはなし魚

1 2 3 4 ⑤ 歳児

フラワー
ケーキ

準備するもの

シロツメクサ、アカツメクサ、葉、紙コップ、紙皿、つまようじ

作り方

紙コップの底に、つまようじで穴をあけ、花や葉をさします。紙コップを紙皿に盛ります。

飛べ! アカツメン

① ② ③ 4 5 歳児

準備するもの

アカツメクサ(シロツメクサ)、ツルの葉、ストロー、画用紙

作り方

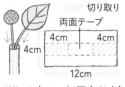

切り取り
両面テープ
4cm　4cm
4cm
12cm

1 ストローにアカツメクサとツルの葉を入れます。画用紙を図のように切り、真ん中に両面テープを貼ります。

2 画用紙の先を折り、ストローを凹に入れ、葉を両面テープに貼ります。くるくる回してあそびます。

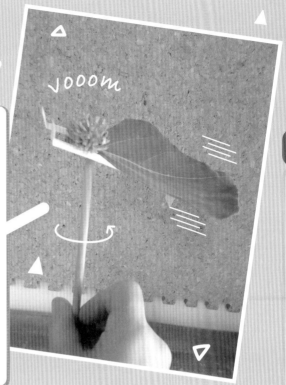

vooom

シロツメくん
アカツメちゃん

① ② ③ 4 5 歳児

準備するもの

シロツメクサ、アカツメクサ、クズの葉、ストロー

作り方

1 シロツメクサ、アカツメクサの茎は長めに取ってきます。花をストロー入れます。

2 大きめの葉(ここではクズ)を取ってきて、葉のつけ根を少し折ります。

3 葉をえりに見立てて折りストローに巻きつけます。葉に穴をあけ、別の茎を通し腕にします。

13

タンポポ

✅ 着目しよう！

丸い花や、ふわふわの綿毛を楽しむ。

① ② ③ **4** **5** 歳児

タンポポ ライオン

準 備 す る も の

タンポポ、紙皿、キリ、ペン

作 り 方

ライオンの顔をかいた紙皿の周りにキリで穴をあけたものを準備します。そこにタンポポを差し込みます。

ガオーッ

① ② ③ ④ ⑤ 歳児

お花がキラキラ

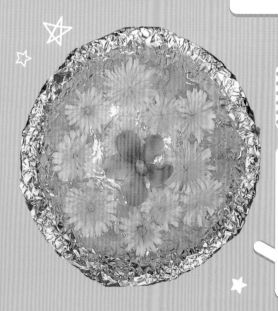

準 備 す る も の

タンポポなどの花、深さのある紙容器、アルミホイル、水

作 り 方

紙容器にアルミホイルを貼ります。水を入れタンポポなどを浮かべます。太陽の照っているところではキラキラ光ります。

① 2 3 4 ⑤ 歳児
水タンポポ

準備するもの

タンポポの花びら、ペットボトル（500ml）、水

作り方

タンポポの花びらをむしりペットボトルに入れ、水を口いっぱいまで注ぎます。ひっくり返すと花びらがゆっくり舞い上がります。

※空気を入れないようにすると、カビが生えず長持ちします。

① ② ③ 4 5 歳児
ぽわぽわ
綿毛ボール

準備するもの

タンポポの綿毛、小さいビニール袋、輪ゴム、ドライヤー

作り方

タンポポの綿毛（3〜5本）をビニール袋の中でほぐします。ビニール袋にドライヤーの風をそっと吹き込み、口を輪ゴムでしっかりとめます。手で軽くついてあそびます。

15

① ② ③ **④ ⑤**歳児
ツツジモビール

✅ **着目しよう！** 落ちているツツジの花は、おしべが抜けて穴になっていることを知る。

←ブタナ。別名タンポポモドキ。茎が長いのが特徴。

準備するもの
ツツジ（落ちているもの）、タンポポモドキのような長い茎の花

作り方

1 タンポポモドキの花を下にして、茎にツツジを通します。

2 ツツジを4〜5つ通したら、ゆらゆら揺らしてあそびます。

ポイント
拾ってきたツツジで、つなぐ行為を楽しめます。

---

① ② ③ **④ ⑤**歳児
三目並べ

✅ **着目しよう！** 自然物を利用しながら、勝ち負けのあるあそびを楽しむ。

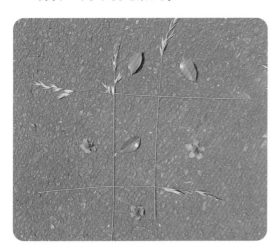

準備するもの
同じ種類の葉と花　それぞれ5つ

遊び方
地面にマスを描きます。2人で対戦、花と葉どちらか選びます。じゃんけんで勝ったほうから好きなマスに置き、先に3つ並んだほうが勝ちです。

この花をコマにしよう

保育者の援助
縦・横・斜めに3つ並ぶように置くことを知らせます。

① **2 3 4 5** 歳児

春でおしゃれさん

虫も
よってきた〜

✓ **着目しよう！** 自分で探してきた花などを、工作に取り入れて楽しむ。

春

自然あそび

おそろいの
かんむり！

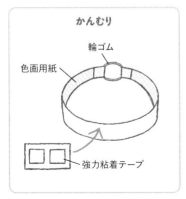

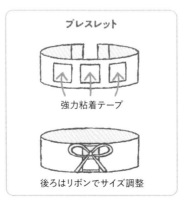

準備するもの

色画用紙、輪ゴム、リボン、強力粘着テープ、
いろいろな花や葉

保育者の援助

花壇に植えてある花はつんではいけないこと、落ちてい
る花びらはいいなどを話してからあそびます。

作り方

かんむり

輪ゴム

色画用紙

強力粘着テープ

ブレスレット

強力粘着テープ

後ろはリボンでサイズ調整

ここに
貼ろう

①②③④⑤ 歳児
ニョッキリ タンポポ

✅ **着目しよう！** 草花を使って見立てあそびを楽しむ。

保育者の援助

テープを貼る作業がこまかいので、子どもの様子を見ながら「セロハンテープは短く切ると使いやすいよ」など、声をかけましょう。

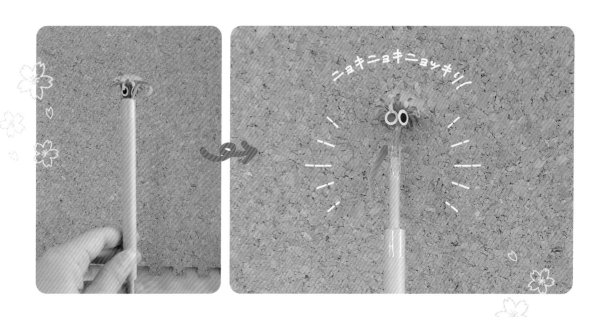

ニョキニョキニョッキリ！

準備するもの

紙ストロー（細いもの、太いもの：細いものより5cm短く切っておく）、色画用紙（8cm×8mmを2枚）、丸シール、タンポポ

遊び方

太いストローをおさえて、細いストローをニョキニョキさせてあそびます。

作り方

細いストロー

1 茎のついたタンポポを細いストローに差し込みます。

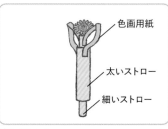

色画用紙
太いストロー
細いストロー

2 1を太いストローに入れます。細く切った色画用紙を半分に折り、片方を細いストローの端に、もう片方を太いストローの端に貼ります。両腕分貼ります。

丸シールを貼る

3 花の下に丸シールで目玉をつけます。

① ② **3 4 5** 歳児

わたし、カタツムリ!

✅ **着目しよう!** カタツムリを観察した後に、なりきりあそびを楽しむ。

紫の
カタツムリ!

言葉かけ

カタツムリは
どうやって
進むかな?

準備するもの

画用紙、色画用紙、モール、ゴムひも、絵の具、絵筆、ホチキス

作り方

┈ ちょっとアレンジ ┊

カタツムリに変身したら、はいはいで進む「カタ
ツムリリレー」であそぶのも楽しいです。

1 2枚の画用紙を山型
に切ります。

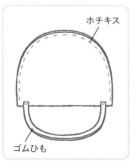

ホチキス

ゴムひも

2 山の部分と下のゴムひ
もをホチキスでとめま
す。

3 絵の具でカタツムリの
模様を描きます。

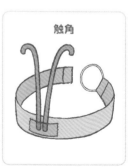

触角

4 色画用紙を帯状にして、
輪ゴムをつけます。モ
ールで触角を作ります。

春のたまご

1 2 3 4 5 歳児

☑ **着目しよう！** たまごから出てくるものを
イメージしながら作る。

言葉かけ

春のたまご、
パカーン！

準備するもの

A4サイズの封筒、たこ糸、色画用紙、丸シール、ペン

遊び方

保育者は子どもの前に座り「春のたまご、出ておいで」
と声をかけたら、子どもは「はーい」と返事しながらたま
ごを上下に開きます。

作り方

A4サイズの封筒

色画用紙

1 封筒にたまご形に切
った色画用紙を貼り、
模様を描きます。半分
に切ります。

2 上下の封筒の内側に
たこ糸をつけます。色
画用紙をたこ糸の真
ん中に、模様を描い
て貼ります。

たまごから
出てきたよ！

①②③ **4 5** 歳児
ペッタンチョウチョウ

☑ **着目しよう！** 光と色のおもしろさを感じる。

造形あそび

言葉かけ

羽がキラキラ
しているよ

準備するもの

クリアファイル、セロファン、透明折り紙、半透明のマスキングテープ

ポイント

窓から差し込む光で、セロファンの透明感や春の日差しを楽しみます。

作り方

1 クリアファイルを切り開き、チョウチョウの形に切ります。

2 セロファンや透明折り紙、半透明のマスキングテープなどで羽を飾ります。

3 窓に貼ります。テープを使わなくても摩擦でくっつきます。

21

①2345歳児 トコトコ青虫くん

✓ **着目しよう！** 四角の角を切っていくと丸になることを知る。

準備するもの

5〜8cm四方の色画用紙、割りばし、丸シール、ビニタイ

保育者の援助

丸が切れるようになるためには、「大きな角は大きくチョッキン、小さな角は小さくチョッキン」と保育者が見本を最初に見せるとわかりやすいです。

作り方

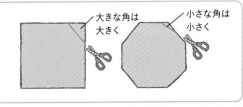

大きな角は大きく　小さな角は小さく

1 あらかじめ四角に切った色画用紙の角を斜めに切ります。大きい角が切れたら、小さい角を切り丸くしていきます。

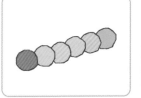

2 切った丸を6つくらいつなげて貼ります。

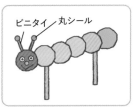

ビニタイ　丸シール

3 裏から割りばしを2本貼ります。頭に目鼻を描き、ビニタイと丸シールで触角を作ります。

① ② ③ ④ ⑤ 歳児
てんてんテントウムシ

☑ **着目しよう！** 絵筆で点を打てるように、絵の具に親しむ。

ポイント

「てん、てん、てん」と唱えながら描いていくと楽しいです。色を混ぜてももちろんOKです。

準備するもの

色画用紙で作ったテントウムシの形、絵の具、絵筆

作り方

白、黄、青などの溶き絵の具を用意します。テントウムシの体に、絵筆で点の模様をつけていきます。

① ② ③ ④ ⑤ 歳児
サクラさいた

☑ **着目しよう！** ビリビリと破く感触を楽しむ。

準備するもの

画用紙、お花紙（ピンク、緑）、使用済み封筒

遊び方

1 木に見立てるための封筒をよくもんでから、画用紙に貼ります。

2 ピンクのお花紙をよくもんでから、ビリビリに破きます。

3 画用紙にのりを塗り、ピンクのお花紙を散らし上から押さえます。緑のお花紙をちぎり、草にして完成。

① ② ③ **4** **5** 歳児

くるくる
グリーンロード

着目しよう！ 支えの手で紙を回しながら、うず巻き状に切る楽しさを知る。

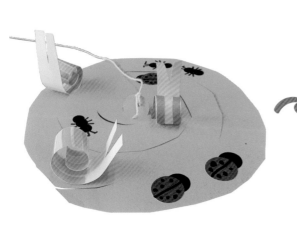

準備するもの

丸く切った緑の色画用紙（直径30㎝）、丸シール（赤、黒は大・小）、
帯状の画用紙（15㎝×3㎝）、ペン、たこ糸

保育者の援助

うず巻きに切るのが難しい子どもには、
ガイドの線をひきましょう。

作り方

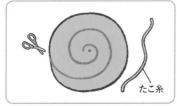

1 丸い色画用紙をうず巻きに切り
ます。真ん中に穴をあけてたこ
糸をつけます。

2 帯状の画用紙の端を細く三角に
切りとります。残りはしま模様を
描き、丸くしてカタツムリを作り、
1に貼ります。

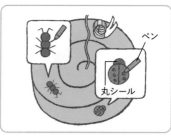

3 黒と赤の丸シールを重ねてテントウ
ムシを、小さい黒丸シール3つでア
リを作ります。**1**の好きなところに
貼ります。たこ糸を吊るします。

① 2 3 4 5 歳児
ナノハナ、さいた！

どうなってるの？

✓ **着目しよう！** 絵の具の混色や絵筆でいろんなタッチを描くことを楽しむ。

準備するもの

絵の具（青、黄）、色画用紙、絵筆（大・小）

作り方

1

黄と青の絵の具を混ぜたら、絵筆大にたっぷり絵の具をつけます。「ぐいーっ」と言いながら色画用紙の下から上に向かって茎を描きます。

2

「もじゃもじゃ」と言いながら、茎の両側に葉を描きます。

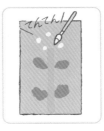

3

絵筆小に黄色をつけて「てんてんてん」と言いながら、花を描きます。

\ てんてん /

ぐいーっ！

保育者の援助

「『ぐいーっ』と茎がのびて、『もじゃもじゃ』葉っぱがついて、『てんてんてん』花が咲いているね」と、オノマトペと一緒に最初に保育者が描いてみましょう。
保育者の見本は形の見本として見せるのではなく、楽しんで描くことに意識を向けます。

① ② ③ ④ ⑤ 歳児
おてての森

☑ **着目しよう！** なぞって描いた手と腕を木に見立てながら、友だちと楽しむ。

準備するもの

クラフト紙、ペン

作り方

保育者の援助

子どもの座る位置は、お互いが描きやすいように間隔をあけて座ります。

ポイント

散歩などで木を下から見上げて、木の枝は上に向かって広がっていることを子どもたちと確認するといいでしょう。

1 クラフト紙に間隔をあけて座ります。腕（利き腕と反対側の手）をおき、ペンでなぞります。

2 手の部分を枝に見立てて、花や葉など描きます。

3 大きなクラフト紙が森になるように、まわりに草や虫など自由に描きます。

① ② ③ ④ ⑤ 歳児
くっつきこいのぼり

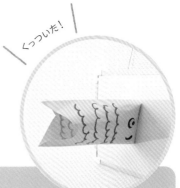

くっついた！

✅ **着目しよう！** 磁石がくっつくところ、くっつかないところを楽しむ。

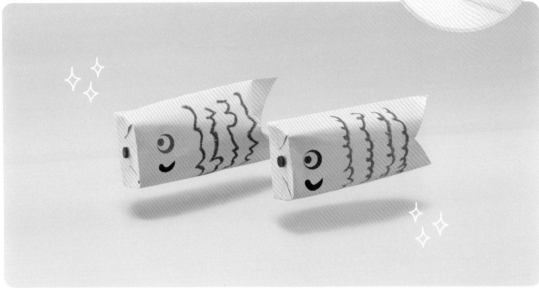

準備するもの

封筒、丸シール、磁石、ペン、クレヨン、両面テープ

保育者の援助

くっつく、くっつかないの素材の違いに気がつけるように、子どもを導きましょう。

! 注意

誤飲などしないように、大きめの磁石を貼りましょう。

作り方

1 封筒の口を三角に切りとります。

2 丸シールを重ねて目を作ります。うろこ模様などを描きます。

3 封筒に手を入れて膨らませ、角の2つを折って貼ります。

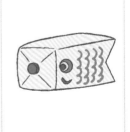

4 口の部分に、磁石を貼ります。どこに磁石がくっつくかあそびます。

①②③④⑤ 歳児 パックン！ こいのぼり

着目しよう！ 投げたり、追いかけたりすることを楽しむ。

こいのぼりの口をねらって

それっー

準備するもの

カラーポリ袋、スズランテープ、画用紙、マスキングテープ、エアパッキン、新聞紙

作り方

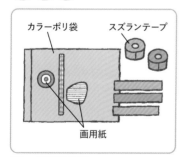

カラーポリ袋　スズランテープ

画用紙

1 保育者の準備 カラーポリ袋の底にスズランテープを貼ります。画用紙でヒレや目を作ります。

エアパッキン　新聞紙

2 保育者の準備 カラーポリ袋の口に、丸めたエアパッキンを貼ります。子どもは新聞紙を丸めて玉を作ります。

遊び方

保育者はこいのぼりの口を広げて走り、子どもはそれを追いかけて玉入れをします。

！ 注意

子ども同士がぶつからないように、十分スペースのある場所であそびます。

ちょっとアレンジ

慣れてきたらチーム対抗にしてもいいでしょう。

① ② ③ ❹ ❺ 歳児
マイ ウオッチ

カッコイイ
でしょ！

☑ **着目しよう！** 「時の記念日」にちなんで、時間に興味・関心をもつ。

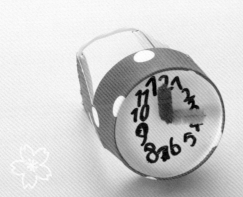

言葉かけ

おやつの時間は
なん時かな？

準備するもの

柄や色つきの紙コップ、割りピン、
輪ゴム、色つきの厚紙、キリ

ポイント

数字は、きっちり書かなくても構いません。ここでは興味をもつことが
重要なので、星印などのマークや丸シールでもOKです。

作り方

穴をあける
3cm
切り取る
3cm

1 保育者の準備
紙コップを図のように
切り、底にキリで穴を
あけます。

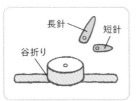

長針　短針
谷折り

2 紙コップのベルトを折
り曲げます。厚紙で長
針と短針を作り穴をあ
けます。

割りピン

3 長針、短針を割りピン
に通してから、紙コッ
プの穴に通し、内側か
ら開きます。

※モールでもOKです。

数字を
書く
輪ゴム

4 ベルトの端を折って輪ゴ
ムをひっかけ、ホチキス
でとめます。上からテー
プで保護します。文字盤
に数字を書きます。

① ② ③ **4** **5** 歳児

春風にパラシュート

着目しよう！ 風でパラシュートのかさが開いて落ちる様子を楽しむ。

準備するもの

カラーポリ袋、トイレットペーパー芯、たこ糸、色画用紙、柄入り折り紙

作り方

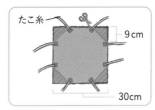

1

保育者の準備

30cm四方のカラーポリ袋を図のように8角形に切り、角にたこ糸をつけます。

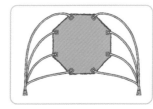

2

保育者の準備

たこ糸を同じ長さで4本ずつまとめ、テープでとめます。

色画用紙

柄入り折り紙

3

トイレットペーパー芯に柄入り折り紙を巻き、手や足を色画用紙で作ります。目鼻を描きます。

4本ずつ

4

4本に束ねたたこ糸を、トイレットペーパー芯の中に左右に分けて貼ります。

↑それぞれの角にたこ糸をつけます。

！ 注意

高いところであそぶ場合、保育者は子どものそばにつき安全を確保します。

遊び方

少し高いところから、カラーポリ袋の真ん中をつまむようにして投げてみましょう。

1 2 3 ④ ⑤ 歳児

雨あめふれふれ！

✅ **着目しよう！** 絵筆でいろいろな動きを楽しむ。

準備するもの

絵の具、カップ、白いクラフト紙、絵筆（大・中・小）

作り方

— 浅めに

1

保育者の準備

カップに濃いめの溶き絵の具を作ります。

ポッポッ

サーッ
サーッ

ザー
ザー
ザーッ

2

「雨が降ってきたよ！」など、保育者が話しながら見本を描いていきましょう。

❶小筆（赤ちゃん筆）で「ポッポッ」やさしく点を打ちます。

❷中筆（お母さん筆）で「サーッサーッ」流れるように描きます。

❸大筆（お父さん筆）で「ザーザーザーッ」力強く太く描きます。

言葉かけ

いろいろな雨が
降ってきたね

ポイント

手先だけでなく腕全体を動かして、いろいろな雨を降らせましょう。

！ 注意

友だちと一緒に描いていくので、友だちの描いた線の上は避けるように誘導します。

① ② ③ ④ ⑤ 歳児
カラフルアンブレラ

✅ **着目しよう！** 色が混ざり合う変化やにじみに興味をもつ。

にじんできた！

準備するもの

障子紙（かさの形に切る）、色画用紙、絵の具（薄めに溶く）、絵筆、カップ

作り方

1
（保育者の準備）
いろいろな色の溶き絵の具を、カップに入れておきます。

2
かさの形に切った障子紙に、色画用紙で持ち手とかさの先を切って貼ります。

3
絵筆に絵の具をつけて障子紙ににじませます。いろいろな色を重ねます。

！ 注意

服に絵の具がついてもいいように、スモックや汚れてもいい服装であそびます。

（保育者の援助）

使った絵筆はきれいに洗ってふいてからまた使うように、声をかけます。

32

① ② 3 4 5 歳児
ぼよよんテルテル

✓ **着目しよう！** ふわふわしたビニール素材の感覚やはずむ楽しさを知る。

言葉かけ

テルテルを
ぼよよん
させてみよう

準備するもの

カラーポリ袋、色画用紙、スズランテープ、輪ゴム、ドライヤー

作り方

1 カラーポリ袋に色画用紙で顔を作ります。スズランテープを底に貼ります。

2 ドライヤーで冷風を入れて膨らませて口を閉じ、つないだ輪ゴムを結びます。

遊び方

少し高いところに結んで軽くたたいたり、ヨーヨーのようにしたりしてあそびます。

← 新聞紙の持ち手をつけても。
↓ 動物や恐竜を作ってあそぶ子どもたち。

パンチ！

33

 ^{歳児}
1 2 3 4 5

のぞいて探検隊

☑**着目しよう！** セロファンを通した色の変化に興味をもつ。

ぼくら
探検隊だよ

言葉かけ

さぁ、双眼鏡を
持って探検に
出かけよう！

準備するもの

トイレットペーパー芯、セロファン、柄入り折り
紙、両面テープ、リボン

保育者の援助

首に下げるリ
ボンは、ちょ
うどいい長さ
になるよう調
整します。

作り方

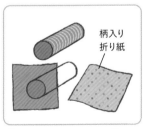

柄入り
折り紙

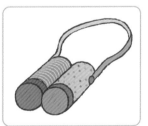

1 トイレットペーパー芯の一
方の穴にセロファンを貼り
ます。周りには柄入り折り
紙を貼ります。これを2本
作ります。

2 両面テープで2本を貼り
合わせ、ぶら下げるため
のリボンをつけます。

1 2 3 4 5 歳児
お花のトンネル

☑ **着目しよう！** 切り紙やたたみ染めのおもしろさを知る。

← 好きなところに
絵の具をつけてみよう

言葉かけ

お花のトンネル
くぐりまーす

準備するもの

障子紙（8〜10cm四方に切ったもの）、絵の具（薄めに溶く）、お皿、大きめの透明ビニール

遊び方

パーテーションなどを使って、通路を作ります。その上に透明ビニールを貼り、上に染めた花びらをおいてお花のトンネルに。子どもはくぐってあそびます。

作り方

1 **保育者の準備**
障子紙を三角に3回折り、図のように角を丸く切ります。

2 溶き絵の具にひたします。

3 乾いたら広げます。これをたくさん作ります。

ポイント

障子紙をひたす場所によって、花びらの柄が変わることを楽しみます。

！ 注意

スモックを着るなど、汚れてもいい服装で作ります。

友だちシュート

①②③④⑤歳児

それ！
コロコロー

着目しよう！ 紙コップの人形のピンで、ボーリングを楽しむ。

紙コップ、色画用紙、モール、丸シール、ペン

作 り 方

色画用紙

セロハン
テープ

① 紙コップを上下合わ
　せて貼ります。髪の毛
　を作ったり、顔を描い
　たりします。

丸シール　　　モール

② モールなどで手や足
　をつけます。

遊 び 方

床にビニールテープで三角のラインを引き、そこに作った
人形を並べます。新聞紙を丸めてボールを作ります。ボー
ルを投げて、いくつピン（人形）が倒せるかあそびます。

ここに模様を
つけよう

①②③④⑤歳児 走れ カタツムリ

✓ 着目しよう！ 力加減を工夫しながら、糸が引っぱれるようになる。

そーっと
そーっと

言葉かけ

転ばないように、そーっと引っぱろう

準備するもの

使用済み封筒、帯状の色画用紙（40cm×4cm）、モール、たこ糸、ペン

遊び方

スタートとゴールを決め、たこ糸を引いて競争します。

！ 注意

モールの先は丸めて危険のないようにします。たこ糸の長さも引きやすい長さにしましょう。

作り方

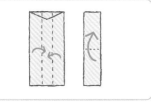

1 封筒を縦に３分の１に折ったら、半分に折ります。

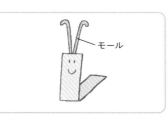

2 封筒の先端にモールで触角を作ります。顔を描きます。

3 帯状の色画用紙を鉛筆などで巻いたら、2に貼ります。チョウネクタイの下にたこ糸をつけます。

1 2 3 4 5 歳児
ふわふわかくれんぼ

✓ **着目しよう！** 布の感触や見えかくれすることを楽しむ。

言葉かけ

やさしい風を
送るよー

ふわふわで
楽しいね

言葉かけ

どこに
いるのかな？

そっとかくれて
みよう

準 備 す る も の

シーツや大きい薄手の布

遊 び 方

1. 子どもたちが寝転がった上に、布を持ちふわふわ
   させて楽しみます。

2. 壁に布を吊るなどして、かくれんぼを楽しみます。

ここなら大丈夫

! **注意**

布のトンネルなどは衝突しないように、一方通
行であそぶようにしましょう。

①②③④⑤歳児
せんせん線がいっぱい

着目しよう！ 友だちと協力してダイナミックなあそびを楽しむ。

春

みんなであそぼう

言葉かけ

クモの巣に
つかまらないように
進むよ！

準 備 す る も の

細長く切った色画用紙、もしくは紙テープ

！ 注意

物など片付けて、自由に貼れるように広い場所
であそびます。

遊 び 方

1. 保育者がスタート地点を決め、紙テープを貼ります。
   そこからみんなでつないでいきます。

2. 完成したら、みんなで紙テープをたどっていったり、
   テープに触らないようにくぐったりしてあそびます。

保育者の援助

セロハンテープは使
いやすいように、あ
らかじめ切っておい
てもいいでしょう。

スタートは
ここよ

友だちキャッチ！

① ② ③ ④ ⑤ 歳児

✓ **着目しよう！** 友だちとボールのやりとりを楽しむ。

←かわいいイチゴを
丸ごとキャッチしよう！

りかちゃん　　　キャッチ

準備するもの

新聞紙（1人1枚）、カラーポリ袋（赤）、丸シール（白）、
色画用紙（緑）

作り方

ビニール
テープ　　　丸シール（白）

色画用紙

1 新聞紙をくしゃくしゃにもんで広げるを、3回くらい繰り返します。

2 ソフトボールくらいの大きさに丸めた新聞紙を、切った赤いポリ袋に包んで丸くします。白い丸シールとへたをつけてイチゴを作ります。

遊び方

1 2人組で向かい合い、相手の名前を呼びながら、イチゴボールを渡します。

2 受け取ったら今度は少し距離をあけて、相手の名前を呼びながら、イチゴボールを軽く投げます。

3 徐々に距離を広げます。投げるのが難しい子どもには、転がしてもいいでしょう。

りかちゃん

ケンくん

① ② 3 4 5 歳児
花びらヒラヒラ

✅ **着目しよう！** 散らす動きや、友だちとハラハラ感のあるあそびを楽しむ。

花さか係

それ〜

枯れ木に花を
さかせましょ〜

あった

拾った

あった！

準備するもの

折り紙（ピンク）、空き箱、ペン

作り方

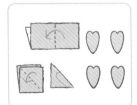

1. 折り紙を半分に折り、さらに半分に折ります。正方形を三角に折り、図のように花びらの形に切ります。4枚の花びらができます。

うら面

2. 4枚の花びらのうち、1枚にピンクのペンで動物の顔を描きます。このセットをたくさん作ります。

遊び方

1. クラスを2つに分けます。各チームから1人を「花さか係」にします。

2. 花さか係は少し高いところから「枯れ木に花をさかせましょう」といいながら、作った花びらをまきます。

3. 他の子どもたちは動物の花びらを探して拾います。動物花びらを多く集めたチームの勝ちです。

❗ 注意

友だちとぶつからないように、広い場所であそびましょう。

ポイント

あそびの導入として、『花さかじいさん』の絵本を読んでからあそぶと盛り上がります。

①②③④⑤歳児
ツクシ ニョキニョキ!

着目しよう! 丸めたものを高くつなぐことで、紙やテープの扱いに慣れる。

準備するもの

色画用紙、段ボール板（40cm四方くらい）、お花紙

作り方

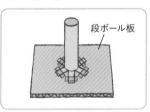

段ボール板

1
色画用紙を丸めます。下側に放射線状に切り込みを入れたら開いて段ボール板に貼ります。

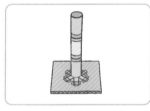

2
その上に丸めた色画用紙をつないでいきます。

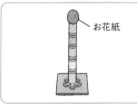

お花紙

3
お花紙を丸めて先端に貼り、ツクシの完成。

わたしと同じ高さになった!

保育者の援助

つなぎ目がぐらぐらしないように、セロハンテープの使い方など、ヒントを伝えましょう。

夏

外に出て思い切り水あそびをしたり、
夏の虫をモチーフにした造形あそびをしたり…
子どもたちの大好きな夏本番です。
元気いっぱい過ごしましょう。

◇ **自然あそび** ……………… 44

◇ **造形あそび** ……………… 51

◇ **みんなであそぼう** ……… 64

エノコログサ

✓ 着目しよう！

ふわふわで細長い穂先を、髪やしっぽに見立てて楽しむ。

① ② ③ ④ ⑤ 歳児
エノコロワンワン
＆お人形

準 備 す る も の

エノコログサ、紙コップ、ストロー、
色画用紙、丸シール

作 り 方

紙コップの底に穴をあけストローを通し、その穴にエノコログサを差し込みます。色画用紙で手や足をつけ、丸シールを目にして完成。

人形をゆらすと
エノコログサが
くるくる回るよ

エノコロさむらい

上に向かって
投げるよー！
それっ！

準備するもの

エノコログサ、色画用紙、トイレットペーパー芯
（2〜3cm幅に切っておく）

作り方

色画用紙を図のような人型に切り、トイレットペーパー芯に貼ります。顔を描き裏からエノコログサを貼ります。上から下に大きく振り下ろすとふわりと飛びます。

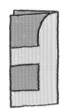

エノコロダンサー

準備するもの

エノコログサ、ストロー、モール、色画用紙

作り方

1 ストローに色画用紙で作ったサングラスと口を貼ります。
2 モールを巻きつけて手にしたら、モールが下がらないように色画用紙を巻きつけます。両手のモールにエノコログサを巻きつけ、頭にもさします。
3 ストローをゆらして踊らせましょう。

夏の花たち

◔ 着目しよう！
暑い季節に咲く植物を知り、飾って楽しむ。

①②③ **④ ⑤** 歳児

ミニ花かご

ペットボトルで作ると
透明なかごに

準備するもの
いろいろな花、紙コップ、ホチキス

作り方
紙コップを図のように切り取り、持ち手となる2つの帯はホチキスでとめてかごの形にします。

cute ♡

おしゃれな
花かごになったよ

①②**3 4 5**歳児

お花寿司

カラフルな
お花寿司の
完成！

準備するもの

いろいろな花、大きめの葉、紙皿、
つまようじ

作り方

大きめの葉は上下に折り、丸めて
つまようじをさします。筒の中に花
や花びらを入れてお寿司の完成。

①**2 3 4 5**歳児

フラワー
ピザ

準備するもの

いろいろな花や葉、丸く切った
段ボール板（30cmくらい）

作り方

段ボール板をピザ台に見立てて、
花や葉を並べます。「ここは、赤
いから辛いよ」など味を想像し
てあそびます。

花びらをたくさん
のせて！

① ② ③ ④ ⑤ 歳児
ぼくら葉っぱ隊

✓ **着目しよう！** 葉っぱの形を知り、組み合わせる楽しさを味わう。

準備するもの

いろいろな葉、どんぐり、木のスプーン・フォーク、洗濯ばさみ、モール、両面テープ

作り方

1️⃣ スプーンやフォークの真ん中にどんぐりを貼り、目や口を描きます。葉っぱを帽子や洋服に見立てて貼ります。

2️⃣ 裏からモールを貼り腕にします。下に洗濯ばさみをはさんで立たせます。

① ② ③ ④ ⑤ 歳児
小鳥のベッド

✓ **着目しよう！** 葉っぱを折ったり、丸めたりして楽しむ。

準備するもの

お花紙、小さい丸シール、アジサイなどの葉、スギナ

作り方

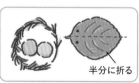

半分に折る

1️⃣ スギナを3～4本まとめて結ぶように丸くします。

2️⃣ お花紙を丸めて卵に。折ったアジサイの葉に、丸シールで目を貼り小鳥の完成。

48

① ② ③ ④ ⑤ 歳児
アサガオジュース屋さん

着目しよう！ 花から色水を作る楽しさや色の変化に興味をもつ。

きれいな色に
なったね！

もみもみ！

準備するもの

ビニール袋、お弁当のタレ容器、スポ
イト、レモン

ポイント

絞るアサガオは淡い色より
ムラサキなどの濃い色を選
びましょう。

保育者の援助

子どもが間違えて飲まない
ように、あらかじめ伝えてお
きましょう。

作り方

1　ビニール袋に少量の水とアサガ
オの花を入れて、よくもみます。

2　2つの容器に分けて、片方にレモ
ン汁を入れると色が変化します。

3　色水をスポイトでタレ容器に入れ
て、ジュース屋さんごっこに！

49

① ② ③ ④ ⑤ 歳児
花や草で描こう

着目しよう！ 絵筆ではないもので描くことのおもしろさを知る。

言葉かけ
草の筆は
どんなふうに
描けるのかな

準備するもの

小枝、杉の葉、エノコログサなどの草木、白い
クラフト紙、絵の具、割りばし、ビニールテープ

保育者の援助

子どもたちがのびのび描
けるように、順番に描く
などしてもいいでしょう。

ポイント

筆のようにうまく描けないこ
とや、かすれることも、おもし
ろがって描きましょう。

作り方

1 絵筆の代わりになりそうな素材
を集め、ビニールテープで持ちに
くいものには持ち手をつけます。

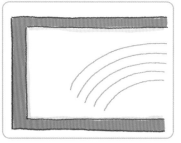

2 保育者の準備 クラフト紙に虹の
ラインを薄くひきます。

3 草木の筆に溶き絵の具をつけ、
クラフト紙に大きな虹を描きます。

夏の虫 大集合

① ② ③ ④ ⑤ 歳児

着目しよう！ 紙を巻いたり切ったりしながら、虫の特徴を表現することを楽しむ。

→ 虫に棒などをつけると、飛んでいるようにあそべます。

準備するもの

色画用紙、柄入り折り紙、キラキラ折り紙、ビニタイ、丸シール、ペン

作り方

カブトムシ

1 丸めた色画用紙にキラキラ折り紙を巻いて体に。折り紙などで目、羽、角をつけます。

2 裏に返して、色画用紙で足をつけます。

トンボ

1 色画用紙を丸めて体にします。色画用紙で目と羽をつけます。

2 裏に返して、ビニタイで足をつけます。

① ② ③ ④ ⑤ 歳児
タコちょうちん

💭 **着目しよう！** ハサミをコントロールしながら切ることを楽しむ。

準備するもの

トイレットペーパー芯、折り紙、丸シール、ひも、ペン

遊び方

棒などに引っかけ、たこ糸をたくさんねじり、手を離すとタコがくるくる回ります。

保育者の援助

タコの足を切るときは、「ハサミの口を大きく開くと長く切れるよ」などコツをわかりやすく話します。

作り方

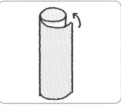

1 トイレットペーパー芯に折り紙を貼ります。

2 別の折り紙を半分に折り、たくさん切り込みを入れます。

3 2の折り紙を広げ、足を曲げた状態で上下にのりをつけて貼ります。

4 表情違いの顔を2枚作って表と裏に貼ります。吊るすためのひもをつけて完成。

① ② ③ ④ ⑤ 歳児
おしゃべりカエル

⟲ 着目しよう！ 日用品をアレンジして製作物にすることを楽しむ。

言葉かけ

あおぐと口が
パクパクするよー

準備するもの

うちわ、色画用紙、画用紙、丸シール、ペン

遊び方

あおぐとパタパタとカエルの目と口が動きます。

作り方

1 **保育者の準備**
うちわの表裏に色画
用紙を貼ります。

2 **保育者の準備**
半月状の赤の色画用
紙を貼り口に、口と同
じ大きさの黄緑の色画
用紙を貼り合わせます。

3 丸く切った画用紙に、
ペンで目を描いて貼り
ます。

4 鼻に丸シールを貼りま
す。

53

①②③④⑤歳児
キラキラ天の川

✅**着目しよう！** 絵の具を吹いたり、こすったりして飛び散る様子を楽しむ。

言葉かけ

「ふっー」って
吹くと、
星になるよ

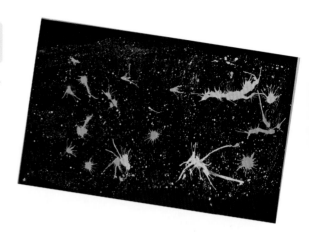

準備するもの

全紙サイズの黒い紙（2枚）、色画用紙（青など）、絵の具、絵筆、ストロー、網、歯ブラシ

！注意

絵の具が飛び散るので汚れてもいい服装であそびます。

保育者の援助

黒い紙の上でも色がわかるように、絵の具は濃いめに溶きましょう。

作り方

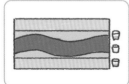

1 **保育者の準備** 黒い紙を横長につなげます。黒い紙が川の形になるように、上下青い紙を貼ります。

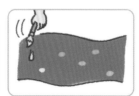

2 絵筆に溶き絵の具をたっぷりふくませ、黒い紙にたらします。

3 たらした絵の具をストローで思い切り吹きます。

4 絵の具を塗った歯ブラシで、網をこすって絵の具を散らせます。

パチパチ線香花火

💫**着目しよう！** いろいろな道具の特徴を活かして、線香花火らしく描く。

 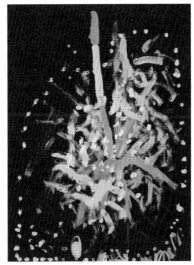

準備するもの

色画用紙（紺や黒）、絵の具、絵筆、綿棒、歯ブラシ

作り方

1 色画用紙の真ん中に、絵筆で線香花火の棒を描きます。

2 棒の先に「火玉」を丸く描き、そこから「パチパチ」と筆や歯ブラシ、綿棒で描いていきます。

▲本物の線香花火を見せられればベスト。その変化を楽しみます。

① ② ③ ④ ⑤ 歳児
カラフルネックレス

☑ **着目しよう！** どんどん切って、ひもに通していくことを楽しむ。

準備するもの

カラーストロー、細いゴムひも、大きめのビーズ

作り方

ゴムひもの先にセロハンテープを巻くと通しやすい

カラーストローを好きな長さに切ります。端は大きめのビーズが抜けないように結びます。切ったストローをつないでいきます。

保育者の援助

ストローを切るときのハサミの使い方は「大きく口を開いて、奥で切ってみよう」などわかりやすく伝えます。

① ② ③ ④ ⑤ 歳児
透明ブレスレット

☑ **着目しよう！** 透ける素材でアクセサリー作りを楽しむ。

準備するもの

クリアファイル、透明シール、ペン（油性）

作り方

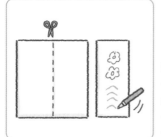

クリアファイルを好きな幅に切ったら、透明シールや油性ペンで模様をつけます。腕のサイズに合わせてテープで貼ります。

① ② ③ ④ ⑤ 歳児
なりきりお面

セロファンを貼ると
サングラス風に！

◡ **着目しよう！** なりたいもののお面を作って、変身ごっこを楽しむ。

カブトムシ
でーす！

ぼく、
イナヅマ仮面

準備するもの

紙皿、色画用紙、工作用紙、セロファン、ペン（油性）

保育者の援助

子どもの頭の大きさに合わせてベルトを調整します。

作り方

1 紙皿を半分に切り、鼻と目の部分を切り抜きます。

2 油性ペンで色を塗り、特徴となるパーツを作って貼ります。頭のベルトになる部分も紙帯で作って貼ります。

① ② ③ ④ ⑤ 歳児
どすんこ粘土

✓着目しよう！ 体全体を使って粘土でダイナミックにあそびながら、形を変えるおもしろさを知る。

言葉かけ

粘土は
どんどん形を
変えられるよ

準備するもの

土粘土、15cmくらいの木材（4つ）、20×30cmくらいの板、ブルーシート

作り方

ヘビー　のばしてのばして

① みんなでひたすらヘビを作ります。それをつないで長いヘビにします。

ころころ　おまんじゅう♪

② みんなでひたすらおだんごを作ります。できたら並べてその上を歩いても。

ドスーン　のった！

③ ヘビやおだんごを高く積み上げて、その上を歩いたり粘土の塊を高いところから叩き落としたりします。

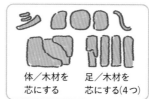

体／木材を芯にする　足／木材を芯にする（4つ）

④ 粘土で十分にあそんだら、ゾウのパーツを図のように作ります。

⑤ パーツができたら保育者と一緒に組み立てます。

保育者の援助

粘土は触っていると、心が落ち着く素材です。粘土あそびに集中している子どもは自分のペースで楽しめるよう見守ります。

みんなの船に乗って

着目しよう！ 子どもたちの作った作品が集まれば、1つの大きな作品になることを知る。

> **言葉かけ**
> みんなを乗せた
> 船を作ろう！

準備するもの

トイレットペーパー芯、色画用紙、折り紙、柄入り折り紙、段ボール板、お菓子などの箱、丸シール、ビニタイ

保育者の援助

船体に模様を描くなど、子どもが参加できる部分を作ってもいいでしょう。

作り方

色画用紙や
折り紙など

1　トイレットペーパー芯を胴体に見立てて、顔や洋服をつけ、自分の人形を作ります。

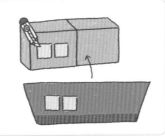

2　**保育者の準備** 大きめのお菓子などの箱に窓をあけ、上から段ボール板の船体を貼ります。

3　子どもたちの作品を窓や船の上部に設置します。

59

① ② ③ ④ ⑤ 歳児
いらっしゃいませ、夏祭り！

✓ **着目しよう！** ごっこあそびを通してやりとりを楽しむ。

いらっしゃいませ
何になさいますか？

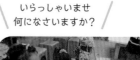

焼きそば

準備するもの

毛糸、色画用紙、トレイ

作り方

1 トレイに適当な長さに切った毛糸を入れます。

2 小さく切った色画用紙を上にのせます。

たこ焼き

準備するもの

トイレットペーパー、お花紙、折り紙、トレイ

作り方

1 トイレットペーパーを丸め、お花紙で包みます。

2 1をトレイにのせ、小さく切った折り紙をのりで貼ります。

ジュース・かき氷

スズランテープ、トイレットペーパー、セロファン、紙ストロー、カップ

 *スズランテープは切りにくい素材なので、保育者が切っておきます。

〈 ジュース 〉

 20cmくらいに切ったスズランテープを指でさいてカップに入れ、ストローをさします。

〈 かき氷 〉

 トイレットペーパーを丸めてカップに入れ、セロファンをかぶせストローをさします。

綿あめ

綿、割りばし、ビニール袋（透明）、透明折り紙、ビニタイ、丸シール、ペン（油性）

1

 ビニール袋に透明折り紙を切って作ったウサギを貼り、丸シールで顔をつけます。

2

 割りばしに綿をつけ、**1**のビニールをかぶせて、ビニタイで結びます。

チョコバナナ

トイレットペーパー、お花紙、カラーポリ袋(茶)、割りばし、丸シール

1

 割りばしにトイレットペーパーを巻きつけ、お花紙で包みます。

2

 カラーポリ袋を4分の3くらい巻き、細く切った丸シールを貼ります。

金魚すくい

トイレットペーパー、カラーポリ袋、スズランテープ、色画用紙、ストロー、ビニタイ、たらい、丸シール

1

 金魚はトイレットペーパーをカラーポリ袋で包み、ビニタイでとめ、丸シールで目と口をつけます。

2

 網は丸く切った色画用紙にストローを貼ります。水はスズランテープをさきます。

① ② ③ ④ ⑤ 歳児
カラフルシャワー

着目しよう！ 絵の具を混ぜてその色の変化を楽しむ。

準備するもの

絵の具（白・黄・青・赤）、透明カップ、傘袋、洗濯さお、つまようじ、養生テープ

作り方

1 カップに絵の具と水を入れてよくかき混ぜます。好きな色を2つ選んで混ぜ合わせます。

2 できた色を傘袋に入れて、少し水を足します。空気をパンパンに入れて口を結びます。

3 洗濯さおに養生テープで②を貼り、つまようじで穴をあけます。

遊び方

穴をたくさんあけて、傘袋をぐるぐるねじってから手を離すと色水シャワーが回ります。

➡↓ 好きな色を混ぜたらこんなにジュースができたよ。

！注意

汚れても、濡れてもいい服装であそびます。つまようじの使い方（友だちに向けない、自分の手に刺さないなど）に注意しましょう。

ぬるぬる〜

1 ② ③ ④ ⑤ 歳児

フシギな絵の具

✓ 着目しよう！ 小麦粉絵の具の感触をおもしろがる。

→体全体を使ってあそぶときは、すべるので立ち上がらないように！

うわぁー冷たいっ！

→あらかじめ小麦粉絵の具を冷やしておくと、冷たくショリショリの感触に。

準備するもの

小麦粉絵の具（作り方参照）

小麦粉絵の具の作り方

小麦粉 400g ※分量は、
水 100cc 小麦粉4：水1
食紅

小麦粉と水を鍋に入れ火にかけます。ゆっくりとかき混ぜながら中火で温め、とろとろと粘り気が出てきたら火を止めます。少し置き、粗熱が取れたら食紅で色をつけます。

遊び方

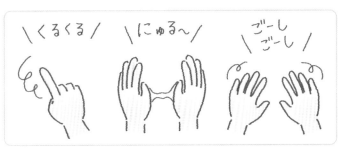

\ くるくる / \ にゅる〜 / \ ごーしごーし /

小麦粉絵の具を指先で「くるくる」、手の平で「にゅるー」、両手でワイパーのように「ごーしごーし」など触ってみましょう。単色であそんだら、次は色を混ぜてあそびます。最後はお尻やお腹でぐるぐるしてみても。

！ 注意

小麦粉アレルギーのある子どもには、事前に話をして米粉など別の素材を用意します。別のスペースを設けるなど、安全には十分配慮します。

① ② ③ ④ ⑤歳児
さかさまジュース

✓ **着目しよう！** 色水を使ったあそびを楽しむ。

私のほうが速いよ！

準備するもの

500mlのペットボトル（2本一組）、絵の具、スパンコール、粘着テープ、ビニールテープ

作り方

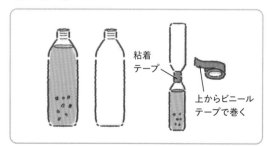

粘着テープ

上からビニールテープで巻く

同じ形のペットボトル2本で1セット。1本にスパンコールとあらかじめ用意した色水を入れます。もう1本のペットボトルを逆さにしてくっつけ、口をしっかりとめます。

遊び方

せーの！さかさ！

おちろ～

1人1セット作ったら、合図で一斉にペットボトルを逆さにします。色水が速く落ちた子どもの勝ちです。

保育者の援助

色水の量は全員が同じになるように調整します。漏れないように口をしっかりと補強します。

① ② ③ ④ ⑤ 歳児
ぷかぷか魚すくい

やった～
吊れた！

◯ **着目しよう！** 水に浮かぶ対象物を吊り上げるあそびを楽しむ。

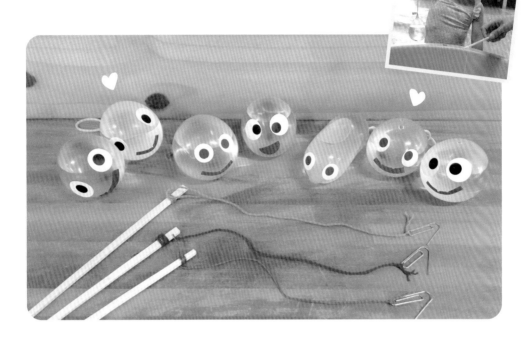

準備するもの

水風船、ビニールテープ、輪ゴム、丸シール、割りばし、
ひも、クリップ、ビニールプールやたらい

作り方

1 水風船に、ビニールテープや丸シールで魚の顔と体を作ります。結びめに輪ゴムをつけます。

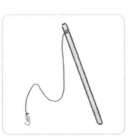

2 割りばしにひもを巻きつけます。その先端にクリップをつけ、釣りざおにします。

遊び方

水をはったビニールプールに水風船を浮かべ、割りばしのさおで釣りをして楽しみます。

保育者の援助

ビニールプールのそばには、必ず保育者が立ち会いましょう。なかなか吊れない子どもには、ひもを短くしてあげるといいでしょう。

65

① ② ③ ④ ⑤ 歳児
あわあわスイーツ

🎯 **着目しよう！** どうしたら泡ができるか興味をもちながら、見立てあそびを楽しむ。

タイプA

ガーゼから
泡が出てきたよ

タイプB

シェイク
シェイク！

タイプC

いろいろな泡で
スイーツができた！

準備するもの

タイプA	紙コップもしくは半分に切ったペットボトル、ガーゼ、輪ゴム、シャボン玉液
タイプB	ペットボトル、粉洗剤、色水
タイプC	ボウル、泡だて器、粉洗剤、色水、プラコップ、プリンなどの透明空き容器

作り方

タイプA

紙コップやペットボトルの底を切り、飲み口にガーゼを貼って輪ゴムでとめます。ガーゼにシャボン玉液をつけて、反対側からそっと息を吹き込みます。

タイプB

ペットボトルに粉洗剤と色水を入れ、ふたをして思い切り振ります。できたらしぼり出します。

タイプC

ボウルに粉洗剤と水を入れて、泡だて器でかき混ぜます。

遊び方

空き容器ごとにタイプの違う泡を組み合わせて、スイーツを作ります。

 注意

あそぶ前に泡を吸いこんだり、食べたりしないように話します。

① **②** **③** **④** ⑤ 歳児

お野菜シャボン玉

🎯 **着目しよう！** 野菜の形に興味をもちつつ、シャボン玉を楽しむ。

ゴーヤーで
できるかな

オクラで
シャボン玉が
できた！

準備するもの

シャボン玉液、ピーマン、オクラ、ゴーヤー、レンコンなど中が空洞の野菜、ナイフ、まな板、竹串

ポイント

野菜は子どもの目の前で切ります。「中はどんなふうになっているかな？」などと言いながら、子どもと予想します。

どうなってるかな？

作り方

1 保育者の準備 ピーマン、オクラは頭としっぽを切り落とします。ピーマンは中のワタを取ります。

2 ゴーヤーは厚めに切り、中のワタを取ります。持ち手になるよう横に竹串をさします。

！ 注意

シャボン玉液をつける前には、野菜の切り口の水分をしっかり拭きとります。

1 2 3 4 5 歳児
ひんやりヘビ

着目しよう！ あそびを通して、水の感触を楽しむ。

ヒンヤリ
気持ちいい！

準備するもの

傘袋、色水、ビニールテープ(赤)、ペン(油性)

作り方

傘袋に色水を入れて口をしっかり結びます。油性ペンで目を描き、傘袋の端に赤いビニールテープを貼り合わせて、ヘビの舌になるよう切ります。

遊び方

ヘビ抱っこ

つめたーい

チャプ
チャプ

↑ひんやりヘビを抱っこしたり、耳を当てて中の水の音を聞いたりしてあそびます。

ヘビ転がし

コロコロ…

↑ゆるやかな坂を作り、転がしてあそびます。

ヘビレース

1 2チームに分かれます。たらい2個にヘビを同数入れて、離れた場所に置きます。

2 スタートの合図で、両チームとも同時に自分のチームのたらいのヘビを相手チームのたらいに運びます。複数運んでもOKです。

たくさん はこべた〜

勝

負

3 終了の合図で、たらいにそれぞれヘビが何匹入っているか数えます。ヘビの数が少ないチームの勝ちです。

①②③ ④ ⑤ 歳児
流星シャララン！

⟳ **着目しよう！** あそびを通して、風の流れを認識する。

流星とろう

とった！

とられたー

まて〜

にげろ〜

言葉かけ

テープが
流れ星みたいだね

飛ばしっこ

▌誰が一番遠くまで飛ばせるか競います。

保育者の援助

誰のものかすぐにわかるように、名前を書いて
からあそびます。

準備するもの

洗濯ばさみ、スズランテープ（長さ60cm）

作り方

洗濯ばさみの金具部
分にスズランテープ
（3本くらい）を通し、
テープでとめます。

遊び方

洗濯ばさみをズボンにとめます。しっぽ取りの要領であ
そびます。

落とすなボヨヨン

① ② ③ **④ ⑤** 歳児

⏱ **着目しよう！** みんなで協力してスリルのあるあそびを楽しむ。

がんばれ〜

はやくー

おちないように

次はボクだ

よいしょ

準備するもの

水風船、牛乳パック（2個一組）、布粘着テープ

作り方

1 牛乳パックの上下を切り落とします。

2 図のように2か所を切り落とします。この形を2個作ります。

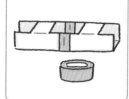

3 2個で1セットになるよう、布粘着テープを貼ります。

！ 注意

濡れてもいい服装で、屋外であそびましょう。

遊び方

1 作った牛乳パックケースを持って2チームに分かれ、それぞれ横1列に並びます。

2 保育者はスタートの合図で、水風船をケースに入れます。

3 子どもは転がして次の子どもに渡していきます。早く最後まで渡したチームの勝ち。途中で落としたら、新しい水風船で最初から始めます。

① ② ③ ④ ⑤ 歳児
くっつけクモの巣

🌀 **着目しよう！** どこからどうやって投げるとくっつくか
などの工夫を楽しむ。

準備するもの

新聞紙、ビニールテープ、養生テープ

作り方

1 新聞紙を広げたら、よ
くもんで柔らかくしま
す。2、3回繰り返し
ます。

2 端から丸めて玉を作っ
たらテープでとめます。
玉の見分けがつくよう
にカラービニールテー
プを貼ったり、名前を
書いたりしましょう。

遊び方

養生テープを天井近くに張りめぐらし、クモの巣に見立
てます。新聞紙玉を投げてくっつけてあそびます。新聞
紙玉はたくさん用意します。カラーボールもOKです。

！ 注意

クモの巣は柱や天井を利用して作ります。上を
向いてあそぶので、広くて安全な場所であそび
ましょう。

保育者の援助

新聞紙を丸める際に、「さぁ、やさしく広げて、
ぐしゃぐしゃー」と言葉と動作が一体になるよ
うな声をかけます。これを数回繰り返すとやわ
らかくなります。

① ② ③ ④ ⑤歳児
お好み焼き占い!

✓ **着目しよう!** 友だちとやりとりしながらあそびを楽しむ。

← 丸めた新聞紙に段ボール板を貼り、ビニールテープを巻いてヘラを作ります。

準備するもの

お好み焼き　丸く切った段ボール板、色画用紙、ペン(油性)、丸シール
ヘラ　　　　新聞紙、段ボール板、ビニールテープ

保育者の援助

文字を書くところは、保育者が書いてもかまいません。5点、3点などの数字を書いて点数制のゲームとしてあそぶのもいいでしょう。

作り方

丸い段ボール板の上に、色画用紙などでお好み焼きの具材を作ります。裏には「アタリ」「ハズレ」「HAPPY」などの文字や絵を描きます。

遊び方

アタリがでたね!

1 テーブルの上にお好み焼きを並べて、お好み焼き屋さんごっこをします。

2 お店の子どもはヘラを持ち、買いに来た人にどのお好み焼きがいいか聞きます。お好み焼きをひっくり返してあそびます。

秋

木々の葉っぱがきれいに色づき始める秋。
どんぐりや松ぼっくりなど、
子どもたちが夢中になる木の実を
たくさん拾い集めましょう。

◇ **自然あそび** ……………… 74

◇ **造形あそび** ……………… 83

◇ **みんなであそぼう** ……… 95

どんぐり

☑️着目しよう！

身近な自然物を拾い、おもちゃ作りを楽しむ。

※虫抜き…沸騰した水にどんぐりを入れて、5分ぐらいゆでた後、しっかり乾燥させる。

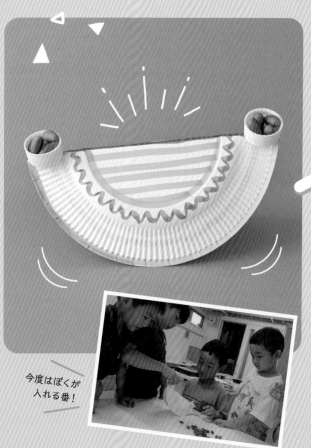

今度はぼくが入れる番！

① ② **③ ④ ⑤** 歳児
どんぐりシーソー

準備するもの

紙皿、ペットボトルのふた（2個）、どんぐり、両面テープ、ペン

作り方

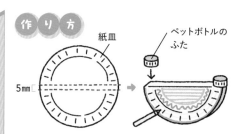

紙皿

ペットボトルのふた

5mm

紙皿に図のように折り目をつけ、ペンで模様を描きます。両端に両面テープでふたを貼ります。

遊び方

2人であそびます。交互にどんぐりをふたに入れていきます。シーソーが引っくり返った方の負けです。

ダチョウの逆上がり

準備するもの

木のスプーン、太いストロー、モール、木工用接着剤、どんぐり、ペン

作り方

どんぐり
木のスプーン

1 スプーンの持ち手の先にどんぐりを木工用接着剤でつけます。ペンで目を描きます。

ストロー
モール
どんぐり

2 モールで足を2本作り、その先にどんぐりを貼ります。手もモールで作り、太いストローに二重に巻きつけます。

遊び方

ストローを持って少し勢いをつけて回すと、人形がくるりと一回転します。

木の実でんでん

準備するもの

トイレットペーパーや粘着テープなどの紙芯、風船、ビニールテープ、どんぐり

遊び方

リズムや手拍子に合わせて、筒を振って音を楽しみましょう。どんぐりの数を多く入れたもの、少なく入れたものなど音を聞き比べてみましょう。

作り方

風船
紙芯
どんぐり

風船の口部分を切って、紙芯の口にかぶせビニールテープで貼ります。中にどんぐりを入れて、反対の口にも切った風船をかぶせて貼ります。

75

どんぐりスネーク

① ② 3 4 5 歳児

言葉かけ

ブリッジは
いくつ
すくえるかな?

準備するもの

キリ、下に穴をあけたどんぐり、色画用紙、モール、トイレットペーパー芯、ペン、両面テープ、丸シール

遊び方

ブリッジを机の上に適当に置きます。スネークを指にはめてスタートの合図で、ブリッジをモールですくうように引っかけます。

作り方

スネーク

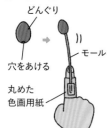

どんぐり

穴をあける

モール

丸めた
色画用紙

1 どんぐりの下をキリなどで穴をあけ、丸シールで目を作ります。

2 色画用紙を帯状に切り、指にはまる大きさに丸めます。

3 モールの先に2を貼り、もう一方の先をどんぐりの穴に差し込みます。

どんぐり

ブリッジ

トイレットペーパー芯を輪切りにします。さらに輪を半分に切り、アーチの内側にどんぐりを両面テープで貼ります。

どんぐりコロコロ

どんぐり
コロコロ、、、

準 備 す る も の

どんぐり、工作用紙（6cm幅 裏から2cm刻みで折り目をつける）、トイレットペーパー芯、紙コップ

作 り 方

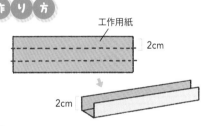

工作用紙

2cm

2cm

① **保育者の準備** 工作用紙の折り目に沿ってカッターでうすく切れ目を入れ、折って凹の形にします。

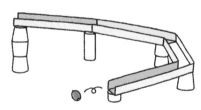

② 凹形をつなげて道を作り、紙コップやトイレットペーパー芯で高低差をつけ、どんぐりを転がします。

できた！

保育者の援助

道路を曲げたり、高低差をつけたりするのが難しいときは、そのつどアドバイスをしていきましょう。

落ち葉

☑ **着目しよう！**

落ち葉を拾い、その形や
色の違いに興味をもつ。

① **2 3 4 5** 歳児

木の葉仮面

言葉かけ

どんな顔に
なるのかな？

準備するもの

白い紙袋、いろいろな落ち
葉、両面テープ

作り方

保育者の準備 子どもの頭に
紙袋をかぶせて、目の場所を
確認したら穴をあけます。子
どもは、集めた落ち葉を貼っ
てお面を作ります。

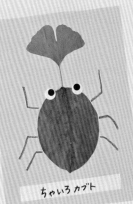

ちゃいろカブト

ぎざぎざとんぼ

葉っぱ虫図鑑

あかはっぱチョウ

保育者の援助

できたら子どもに虫の名前を命名してもらい、ラベルに書きます。クラスで集めて表紙をつけたら『葉っぱ虫図鑑』になります。

準備するもの

新聞紙、ティッシュ、画用紙、本など、葉っぱ

作り方

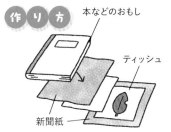

本などのおもし

ティッシュ

新聞紙

拾ってきた落ち葉で押し葉を作ります。（新聞紙、ティッシュ、落ち葉、ティッシュ、新聞紙の順で4〜5日おきます）。乾いたら落ち葉を画用紙に貼り、虫に見立てて脚や触角を描いてみましょう。

秋の葉水族館

準備するもの

紙テープ（もしくはリボン）、丸シール、葉っぱ、両面テープ

作り方

集めた葉を押し葉にします。押し葉を組み合わせたり、切り込みを入れたりして魚に見立てます。丸シールで目を作り、紙テープなどに貼ります。

! 注意

押し葉にしなくても作れますが、あまり長持ちはしません。ケースに応じて選びましょう。

①②❸❹❺歳児 木の葉で ファッションショー

準 備 す る も の

紙袋（中くらいで無地のもの）、落ち葉、両面テープ

作 り 方

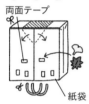

両面テープ

紙袋

紙袋の表側を図のように切ってベースを作ります。落ち葉を自由に貼って素敵なベストに。

①②❸④❺歳児 落ち葉の宝探し

準 備 す る も の

松ぼっくり、落ち葉

遊 び 方

① 保育者は落ち葉を集めて、山をいくつか作ります。落ち葉の中に松ぼっくりを隠しておきます。

② 「宝探しよ」と言いながら、子どもたちは松ぼっくりを探します。

① ② ③ ❹ ❺ 歳児
葉っぱの森

秋

自然あそび

準備するもの

障子紙やトレーシングペーパー、段ボール板（3cm幅に切っておく）、絵の具、
絵筆、クレヨン、空き箱、葉っぱ（葉脈がはっきりしているもの）

作り方

段ボール板 ── 折る

1. 葉っぱの上に障子紙をのせます。

2. クレヨンを寝かせてこすり、葉の葉脈と形をうつします。

3. 薄く溶いた絵の具を上から塗ります。

4. 絵の具が乾いたら葉に沿って切り取り、木の幹に見立てた段ボール板を貼り、空き箱の上に貼ります。

1 2 **3 4 5** 歳児

葉っぱでビンゴ

✅ **着目しよう！** 同じ種類の葉っぱでも、違う色があることに気づく。

準備するもの

画用紙、リボン、折り紙、両面テープ、落ち葉

作り方

画用紙に正方形を9マス書きます。マス目に合うよう折り紙を貼り、両面テープを貼っておきます。

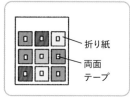

折り紙
両面テープ

遊び方

散歩などに出かけるときに持っていき、折り紙の色と似たような葉を見つけたらそのマス目に貼ります。縦、横、斜めの中で1列に並んで貼れたらビンゴです。

---

1 2 **3 4 5** 歳児

オナモミアタック

✅ **着目しよう！** ねらって当てる動作が、集中してできるようになる。

準備するもの

大きめのフェルト、ビニールテープ、オナモミ、ペン（油性）

作り方

フェルトにビニールテープで的を作り、点数を書きます。少し離れたところからオナモミで的当てします。

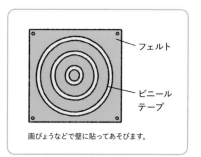

フェルト
ビニールテープ

画びょうなどで壁に貼ってあそびます。

50点だ！

それっ！

① ② **③ ④ ⑤** 歳児
へんてこパレード

✓ **着目しよう！** 不定形な形を組み合わせて見立てを楽しむ。

どれを選ぼう

クネクネ

準備するもの

いろいろな色の工作用紙、割りピン、穴あけパンチ、丸シール、色画用紙、ペン（油性）、粘着テープ、突っ張り棒

作り方

1

保育者の準備
いろいろな色の工作用紙をさまざまな形に切っておきます。

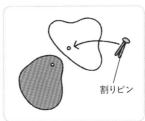

2

子どもは好きな形を2～3個（顔と体など）選びます。重ねたい部分に穴あけパンチで穴をあけます。割りピンでつなぎます。

割りピン

3

丸シールやペンで目鼻を作り、必要に応じて色画用紙で手足を貼ります。

遊び方

頭の後ろに粘着テープを丸めて貼り、突っ張り棒につけます。棒の両端を持ってぶらぶら動かしてあそびます。

83

① **2 3 4 5** 歳児
オバケちゃん はーい!

着目しよう! 息を吹き込むと袋がパンパンに膨らむことを楽しむ。

準備するもの

曲がるストロー、傘袋、紙コップ、色画用紙、丸シール、ペン(油性)

作り方

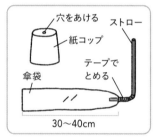

穴をあける　ストロー
紙コップ
テープでとめる
傘袋
30〜40cm

1

保育者の準備 長さ30〜40cmくらいに切った傘袋の口に、曲がるストローをしっかり貼ります。紙コップの底にストローが通る穴をあけます。

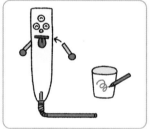

2

傘袋に丸シールで目鼻を、色画用紙で舌や手足を切って貼ります。紙コップにペン(油性)で模様を描きます。

3

紙コップの内側からストローの先を通します。息を吹き込み、傘袋を膨らませたりしぼませたりしてあそびます。

ポイント

あらかじめ作っておいたオバケちゃんを見せて、「オバケちゃーん」「はーい、明日はハロウィンだから、いたずらするよ」などと言って、あそびの導入にしても。

① **2** **3** **4** **5** 歳児

ならそうシャンシャン

✅ **着目しよう！** できた作品で音を鳴らすことを楽しむ。

準備するもの

竹ひご（丸棒でなく皮付きの竹ひご45cmくらい）、細い針金、丸ビーズ、ウッドビーズ、小さい鈴など

作り方

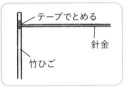

テープでとめる
針金
竹ひご

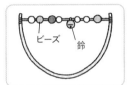

ビーズ　鈴

1 **保育者の準備**
竹ひごの端に針金をしっかり巻き付け、テープでさらに補強します。

2 子どもはビーズや鈴を通します。保育者は竹ひごを曲げながら反対側にもしっかり巻き付け、テープで補強します。

! 注意

針金の先はとがっているので、座ってゆっくり通せるように環境を整えます。保育者は安全に十分配慮しましょう。

---

① **2** **3** **4** **5** 歳児

袋で変身

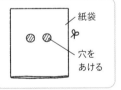

✅ **着目しよう！** 普段とは違う袋の使い方を楽しむ。

準備するもの

白い紙袋、絵の具、絵筆

作り方

紙袋
穴をあける

1 **保育者の準備**
子どもの目のあたりに穴をあけます。

2 自分の好きな動物を絵の具で描きます。

保育者の援助

かぶるのを嫌がる子には、無理強いしないようにしましょう。

①②③④⑤歳児 フライングモンスター

✓ **着目しよう！** 風で膨らむビニールの特性を楽しむ。

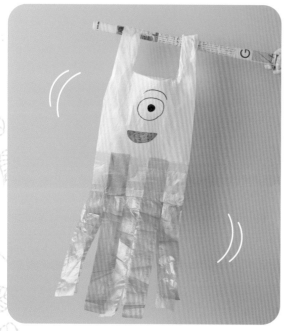

言葉かけ

モンスター
飛んでるよ！

準備するもの

レジ袋、新聞紙、スズランテープ（50㎝くらい）、ペン（油性）

作り方

1. レジ袋にペン（油性）で顔を描きます。下部にはスズランテープを貼ります。

2. 新聞紙を丸めて棒を作り、持ち手を引っかけます。

遊び方

新聞紙の棒にレジ袋を引っかけ、腕をあげて走ります。腕を下げるとスルンと抜けてしまいます。グルグル腕を回しても楽しいです。

！ 注意

上を見ながら走るので、ぶつからないように広い場所であそびます。

① ② ③ ④ ⑤ 歳児
忍者スルスル

✓ 着目しよう！ 作ったものをひもで滑らせるおもしろさを知る。

スルスル移動
するでござるー

秋

造形あそび

準備するもの

紙コップ、曲がるストロー、モール、色画用紙、ペン、ひも

作り方

ストロー
紙コップ

1
紙コップを伏せて、ストローを図のように貼ります。

2
ストローを腕に見立てて、顔や服、足などを色画用紙で作ります。

モール

3
（保育者の準備）
ストローの曲がる部分にモールを差し込み、先端に口を引っかけたら、ストローと一緒に曲げます。

遊び方

高低差をつけて、ひもをぴんとはったら、ストローの腕を引っかけて滑らせます。

① **2 3 4 5** 歳児
おいしいブドウ

着目しよう！ 2色の絵の具を混ぜて、色が変わる様子を楽しむ。

こんなに
つけたよ！

⬆指で描いているうちに手の
平全部についちゃった…。

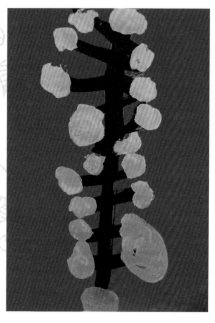
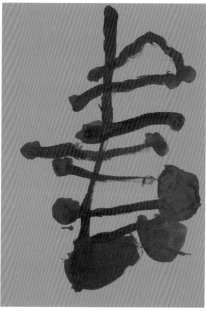

⬆絵筆を使って描く子どもた
ち。

準備するもの

赤と青の絵の具、青と黄色の絵の具、絵筆、クレヨン、色画用紙

保育者の援助

描く前に子どもの前でブドウの実をはずし、実
は軸についていることを見せるとよいでしょう。

作り方

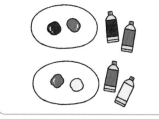

1 保育者の準備
赤と青の絵の具（紫のブドウ用）
や、青と黄色の絵の具（緑のブド
ウ用）を小皿に出します。

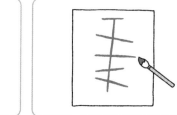

2 絵筆やクレヨンでブドウの軸を
描きます。

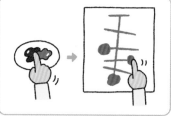

3 2色の絵の具を指で混ぜ、その
まま指でブドウの実を描きます。
筆で描きたい子は、筆を使って
もいいでしょう。

① ② ③ **4** **5** 歳児
クモくんのおうち

霧吹きかけたら、
クモの巣が光る！

☑ **着目しよう！** クモの巣に興味をもち、絵の具でそれを表現することを楽しむ。

つないで
つないで…

まだまだ
のばすよ

6〜8角形に切った色画用紙、絵の具、太さの異なる絵筆

作り方

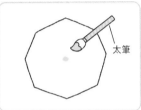

1
色画用紙の中心に太
筆で点を描きます。

太筆

2
太筆で点から角に向か
って縦糸を描きます。

3
小筆で中心付近から、
縦糸をつなぐように横
糸を描いていきます。

小筆

! 注意

○
絵筆は立てて描くと、
細い線が描けます。

×
筆を寝かせて描くと、
べたっーと太くなります。

保育者の援助

描く前にクモの巣の糸は、真ん中から放射線状
に伸びていること、横糸は縦糸をつないでいる
ことなどを話しておきましょう。

①②③④⑤歳児 キ、キ、キノコちゃん

⚆ **着目しよう！** 立体的に色を塗ったり、模様を描いたりすることを楽しむ。

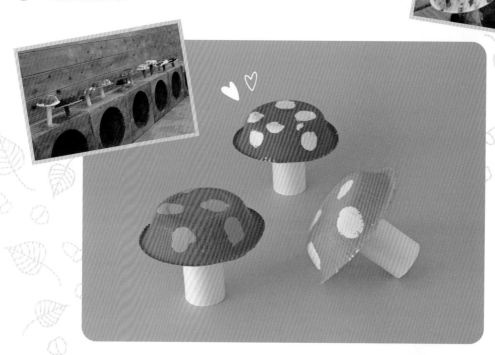

準備するもの

紙製のどんぶり容器、トイレットペーパー芯、絵の具、絵筆

作り方

[1] 紙製のどんぶり容器に絵の具で好きな色を塗り、乾いたら模様を描きます。

[2] トイレットペーパー芯の端を放射線状に切り、容器の内側に貼ります。（保育者がしても）

テープで貼る

トイレットペーパー芯

🚩 **ポイント**

キノコの模様は、地色が乾いてから塗ると、きれいに描けると伝えます。地色の絵の具は、なでるようにゆっくり塗りましょう。

おしゃれな帽子屋さん

✓**着目しよう!** できたものを身に着けてあそぶことを楽しむ。

造形あそび

準備するもの

工作用紙、色画用紙、お花紙、両面テープ

ポイント

ハロウィンの時期に帽子をかぶって、園内を行列しても楽しいでしょう。

作り方

工作用紙

1 保育者の準備
工作用紙を図のようにドーナツ状に切り抜きます。

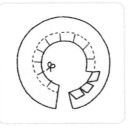

2 内側に放射線状の切り込みを入れたら、折って立ち上げます。

子どもの頭に合わせて貼る

3 保育者の準備
子どもの頭に巻いて、サイズを調整して貼り合わせます。筒状にした工作用紙をその上に貼ります。

4 好きな色に塗ったり、色画用紙やお花紙などで飾ったりします。てっぺんは筒状のままでも、つぶしてもOKです。

91

① ② ③ ❹ ❺ 歳児 飛べ! トンボとチョウチョウ

着目しよう！ 昆虫に興味をもち、虫の特徴を生かした製作を楽しむ。

カッコイイ
トンボでしょ

準備するもの

工作用紙、ゴムひも、輪ゴム、モール、
セロファン、シールなど

保育者の援助

本物のトンボやチョウチョウの観
察をできる機会があったら、羽や
目玉など細かい部分に注目できる
よう声をかけましょう。

作り方

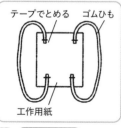

1 保育者の準備
背中用の工作用紙に
背負うためのゴムひも
をつけます。

2 トンボの羽は工作用紙
4枚の角を丸く切り、
チョウチョウの羽は2
枚の角を丸く切り、[1]
に貼ります。

3 セロファンや折り紙、
紙テープを貼ったり、
模様を描いたりします。

4 メガネ 工作用紙
を丸く切り、真ん中を切り
抜き輪ゴムをつなげます。
触角 頭の大きさ
に合わせた工作用紙に、
モールの触角をつけます。

① ② ③ ④ ⑤ 歳児
重ねて重ねて

☑着目しよう！ 積み木あそびを通して、バランスをとる
工夫をすることや手先を使うことのおもしろさを味わう。

先生と一緒に
ノコギリに挑戦！

こんなの
できたよ！

くっつくまで
動かさない！

準備するもの

いろいろな形の木の切れ端、ビーズ、土台の板、
木工用接着剤、プリンカップ、プラスチックのスプーン（小）

作り方

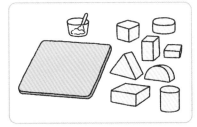

1 （保育者の準備）人数分の土台と木の
切れ端を用意します。プリンカップ
に木工用接着剤を入れたものとス
プーンを人数分用意します。

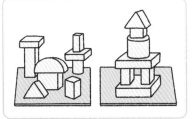

2 みんなでビルなど好きな形に積み
ます。何度も積んでは崩して、を繰
り返しあそびましょう。ある程度あ
そんだら、木工用接着剤で貼りな
がら積み重ねます。

！ 注意

木工用接着剤は塗り
すぎると乾きが遅く
なるので、スプーンで
うすくつけます。

保育者の援助

うまく積めない子に
は、大きい物や重い
物を下のほうに置く
ようヒントを出しま
しょう。組み立てるとき
も下から接着剤をつ
けるように伝えます。

① ② ③ ④ ⑤ 歳児
フードコートへいらっしゃい

着目しよう！ 友だちと物を介したやりとりを楽しむ。

保育者の援助

食べる用のテーブルや看板、メニュー表などを子どもたちと用意して、あそびのイメージを広げましょう。

アイスクリーム

作り方

お花紙

ペーパータオル

クラフト紙

準備するもの

ペーパータオル、お花紙、柄入り折り紙、クラフト紙

ペーパータオルを丸めて、お花紙や柄入り折り紙で包みます。クラフト紙を巻いてコーンを作ります。

ピザ

作り方

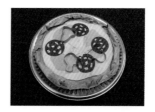

クラフト紙

準備するもの

色画用紙、折り紙、紙皿、クラフト紙

色画用紙を丸く切り、クラフト紙をねじってまわりに巻きます。折り紙の具をのせます。

ラーメン

作り方

クラフト紙

どんぶり容器

準備するもの

色画用紙、クラフト紙、どんぶり容器

クラフト紙を細く切ったものに、色画用紙で作った具をのせます。

ハンバーガー

作り方

クラフト紙

ペーパータオル

お花紙や色画用紙

準備するもの

クラフト紙、折り紙、お花紙、ペーパータオル、色画用紙、紙皿

ペーパータオルを丸めて、もんだクラフト紙で包み、お花紙や色画用紙で作った具をはさみます。

① ② ③ ④ ⑤ 歳児

おいしいこの子はだあれ？

☑ **着目しよう！** 大きさや重さ、においなど、触りながら中に入っている物を考える。

準 備 す る も の

リンゴ、ナシ、柿、サツマイモ、カボチャなど秋を感じる食べ物、新聞紙

遊 び 方

1 [保育者の準備] 新聞紙で秋の果物や野菜を包みます。

2 問題にしたいものを1つ選び、順番に回してじっくりと触ります。

3 全員触ったら、答えを一斉に聞きます。

保育者の援助

みんなが触り終えるまで、何かわかっても言わないようにします。重さ、形、柔らかさなどを聞いて、中身がなにか考えます。

① ② ③ ④ ⑤ 歳児

落とすな、どんぐり！

落とさないようにね！

☑ **着目しよう！** ゲームを楽しみながら、チームで協力して状況に応じた動きができるようになる。

！ 注意

ゲームに集中できるように、十分な広さのある場所であそびましょう。小さい子の場合は、保育者が混ざって、後ろ向きになって先導します。

準 備 す る も の

風船（オレンジや黄色）、ビニールテープ、バスタオル（またはカラーポリ袋を切り開いたもの）、色画用紙

作 り 方

風船を膨らまし、結んだ部分を頭にします。ビニールテープを帽子のように貼り、色画用紙の目・鼻・口をつけます。

遊 び 方

3〜4人一組になって、バスタオルのすみを持ちます。どんぐり風船を落とさないように運びます。慣れてきたら、スタート＆ゴールを決めてチーム対抗であそんでも楽しいでしょう。

変身！なぞの魔法使い

1 2 3 **4 5**歳児

☑**着目しよう！** チームで相談して、作戦を立てるなど協力してあそべるようになる。

ハロウィンの
クイズ大会だよ！

準備するもの

魔法使い（魔女）の変身グッ
ズ（帽子、マスク、メガネ、マン
ト、スカーフ、つえ、ひげ、ス
カートなど）、シーツ

遊び方

メガネも
かけて

帽子
かぶって

台に
乗って！

1 2チームに分かれて、先攻・後攻を決めます。後攻
チームは後ろを向いて座ります。先攻チームは「魔
法使い」を1人選び、チームで協力して誰かわから
ないように変身させます。

せーの、
1・2・3…!!

ゆなちゃん
かな？

うたちゃん
かも！

2 魔法使い以外の子は横に座り、保育者は上からシー
ツなどをかぶせます。シーツの中から大きな声で
30数えている間に、後攻チームは、魔法使いをよく
観察します。

電車が
好きですか？

3 保育者が「魔法使いさん、あなたはピンク色が好き
ですか？」「あなたは電車が好きですか？」など簡単
な質問をいくつかして、魔法使いは「はい」か「いい
え」で答えます。

ジャ～ン
レミでした～

当たり！

レミちゃん！

4 「せーの」で先攻チームはシーツから顔を出し、後
攻チームは魔法使いに変身した子どもの名前を呼
びます。

① 2 3 4 5 歳児
コロコロゴロゴロ、なんの音？

✓ **着目しよう！** 秋ならではの自然物に興味をもつ。

準備するもの

段ボール箱、どんぐり、松ぼっくり、落ち葉、サツマイモ、カボチャ、リンゴ、ナシ　など

ポイント

子どもたちが聞くことに集中できるように、静かに耳をすます時間を作ります。

遊び方

1. **保育者の準備** 秋の食べ物や自然物をいくつか用意します。用意したものは、すべて机の上に並べます。

2. 子どもたちに見えないように、段ボールに1つ入れます。

3. 保育者は箱を振って、音を聞かせます。

4. 箱の中身がなにか、当てっこクイズをします。

保育者の援助

振ったときの音以外に、重さについてヒントを与えてもよいでしょう。

必殺！忍者くぐり

① ② ③ 4 5 歳児

⏱ **着目しよう！** あそびを通して、体をコントロールできるようになる。

言葉かけ

○○ちゃんたちの
ゲートは足も使って
作っているんだね！

忍者役

ゲート役

ゲート役

準備するもの

ゴムひも（2本 4mぐらいを結んで輪にしたもの）

遊び方

1. ゲート役を2人×二組選び、縦に並びます。

2. ゲート役の二組は、それぞれゴムひもを持って、足や腕に引っかけてゲートを作ります。

3. スタートの合図で、忍者役の子どもたちは、1人ずつ順番にゴムひもを触らないようにゲートを通ります（くぐっても、ジャンプしてもOK）。

4. どの忍者が無事に2つのゲートを通れるか挑戦します。終わったら役を交代します。

保育者の援助

1回ごとにゲート役・忍者役の工夫していた点を他の子にも伝えます。次はどんなふうにしようか、工夫を重ねられるようになるでしょう。

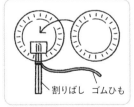

① ② **3 4 5** 歳児
満月ウサギ

✓ **着目しよう！** あそびを通して体のコントロールが身につき、バランスがとれるようになる。

言葉かけ
ウサギさん、お月さまの上で何回ジャンプできるかな？

ポイント
連打できない子には、1回ずつ当てたことを楽しめるよう言葉かけをします。

準備するもの

紙皿（2枚）、割りばし、エアパッキン、色画用紙、ゴムひも、カラーポリ袋、ホチキス、ビニールテープ、絵の具、絵筆、ペン（油性）

遊び方

お月さまの上で、ウサギをポンポンとついてあそびましょう。

保育者の援助
手先で打つのではなく、ひざを使いながら体全体で上下に動くと、安定して当てやすいことを伝えましょう。

作り方

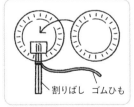

1 1枚目の紙皿に割りばしをつけて、その上に紙皿を重ねてふちをホチキスでとめます。つけ根にゴムひもを結びます。

2 割りばしにビニールテープを巻いたら、紙皿を黄色く塗って顔を描きます。

3 エアパッキンを丸めて、その上からカラーポリ袋を包みます。色画用紙のウサギの耳をつけます。

4 シールやペンで目・鼻・口を作ったら、1のゴムひもにウサギをしっかり貼ります。

秋

みんなであそぼう

1 2 **3 4 5** 歳児
ピラミッド作ろう！

☑ **着目しよう！** 「重ねる」という動作を、楽しみながら集中して行えるようになる。

準備するもの

紙コップ（1人5〜20個ぐらい）

遊び方

紙コップを使って高くしたり、ピラミッド状に積み上げたりしてあそびます。1人でも、グループであそんでもOKです。

キャー！
くずれた！！

保育者の援助

グループで作る場合、みんなで重ねたものを崩すときは、グループで話し合ってから行いましょう。

ちょっとアレンジ

紙コップにモンスターや動物、模様など、好きな絵を描いても楽しいです。

冬

寒くても、クリスマスやお正月のある
冬はわくわくする季節。
氷や雪が身近になくても、
楽しめるアイデアがいっぱいです。

◇ **自然あそび** ………… 102

◇ **造形あそび** ………… 108

◇ **みんなであそぼう** …… 119

木の枝
木の実

☑着目しよう！

自然物の特徴を生かして、
見立てあそびを楽しむ。

① ② ③ ④ ⑤ 歳児
おしゃれミノムシ

準備するもの

少し太めの木の枝（6〜10cmに切っておく）、いろいろな色の毛糸（50〜80cmに切っておく）、丸シール、たこ糸

作り方

1 木の枝の上のほうを少し残して、好きな色の毛糸を巻きつけます。

言葉かけ
たくさん毛糸を巻くと、ミノムシさん寒くないよ！

たこ糸

2 残しておいた部分に丸シールを貼って顔にします。ぶら下げられるようにたこ糸を結びつけます。園庭の木や、室内のいろいろな所にぶら下げましょう。

① ② ③ ❹ ❺ 歳児
ぼっくりアニマル

松ぼっくり、モール、ぬいぐるみ用の動く眼、ウッドビーズ、木工用接着剤、空き容器、綿棒

作 り 方

1
松ぼっくりのごみを取っておきます。中心あたりにモールを巻きつけます。

2
モールの両端をくるりと丸め、足として立つようにします。ぬいぐるみ用の動く眼、ウッドビーズ（鼻）を木工用接着剤で貼ります。

＊木工用接着剤は空き容器に出し、綿棒を使って塗ります。

保育者の援助

モールの足は、バランスのとれるところに巻くようサポートしましょう。うまく立たないときは調整します。

① ❷ ③ ❹ ⑤ 歳児
森の
クリスマス
ケーキ

準備 す る も の

紙粘土（茶色やクリーム色、ピンクなどのカラー粘土があるとよい）、木の実、種、おかずカップ、紙皿

作 り 方

1
紙粘土でケーキの土台を作ります。

2
ケーキの土台に、木の実や種をトッピングして飾り、おかずカップなどに入れます。箱に入れてクッション材を詰めて、クリスマスプレゼントにしてもよいでしょう。

ポイント

トッピングの木の実や種は、紙粘土に深く押し込むようにすると、乾いても外れにくいです。

この木、なんの木?

歳児 ③ ④ ⑤

準備するもの

小枝（枝分かれのあるもの）、台紙（A3くらいの画用紙）、折り紙、柄入り折り紙、モール、ビニタイ

作り方

1 （保育者の準備）小枝は洗ってよく乾かし、台紙にテープで貼ります。

2 折り紙や柄入り折り紙を丸めて果物を作り、モールやビニタイでヘタをつけ、**1**に貼ります。花や葉っぱなどを作って貼ってもよいでしょう。

どんぐりいくつ、取れるかな?

歳児 ② ③ ④

よーし
たくさん取るぞ!

3こ　4こ

4こと3こ
だったね!

準備するもの

大きめの空き箱、どんぐり

遊び方

1 （保育者の準備）空き箱の上に直径10cmくらいの穴をあけ、中にどんぐりをたくさん入れておきます。

2 子どもは穴に手を入れて、どんぐりをできるだけたくさんつかみ取ります。

3 つかみ取ったどんぐりの数を競います。

保育者の援助

「どんぐりをたくさん握ると穴から手が出せない」「思わず手を開いてしまった」という失敗をおもしろがれるようにサポートします。

①②③ **4 5** 歳児
葉っぱの
カーテン

ポイント

絵の具をしっかりつけないと最後まで色が
出ないので、紙皿の上でローラーを何度も転
がして、絵の具をなじませるようにしましょう。

保育者の援助

絵の具のついた葉が散らばらないように
注意しましょう。

準備するもの

絵の具用の紙皿(ラップを敷いて貼っておく)、
障子紙(60×10㎝くらいに切っておく。なけれ
ば画用紙)、落ち葉、ローラー、絵の具、厚紙
(のれん用)

作り方 **保育者の準備** 1 と 3 で使う絵の具は、紙皿にそれぞれ溶いておきます。

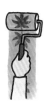

葉の色は白く残る　葉の形は色がつく　葉は 1 の絵の具がつく

1　障子紙の手前に落ち
葉を裏向きに置き、ロ
ーラーに絵の具をつ
けます。葉の上を通っ
て障子紙の端から端
まで転がします。葉に
は絵の具がついてい
ないので、葉の形が
白く残ります。

2　1 の落ち葉を外し、
絵の具がついている
面を下にします。ロー
ラーに絵の具はつけ
ず、新しい障子紙の
上で端から端まで転
がします。葉の形が
濃く残ります。

3　2 で使った落ち葉の、
絵の具がついた面を
下にして障子紙の手
前に置きます。1 と
は違う色の絵の具を
ローラーにつけ、葉の
上を端から端まで転
がします。葉の色は
1 の色で残ります。

4　絵の具が乾いたらま
わりを切り取り、突っ
張り棒や長く切った
厚紙に貼り、のれん
(カーテン)にします。

氷、雪

☑着目しよう！

寒い時期に雪や氷であそぶことで季節感を感じ、寒さも楽しむ。

① ② ③ ④ ⑤ 歳児

キラキラ宝石探し

準備するもの

色水（食用色素）、製氷皿、たらい、雪

！注意

十分に防寒対策をし、防水手袋などをしてあそびましょう。

作り方

1

保育者の準備 食用色素少量と水を混ぜて色水を作ります。製氷皿に入れて冷凍庫で凍らせます。

2

色水氷ができたら、大きめのたらいに雪を入れてその中に隠します。子どもは色水氷の宝石を探します。

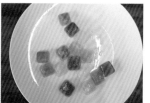

赤い宝石あった！

どこかなー

① ② ③ ④ ⑤ 歳児

葉っぱのアイスボール

準備するもの

ままごと用の器やプリンカップ、落ち葉や木の実　＊外が氷点下になるとあそべます。

作り方

1 容器に落ち葉や木の実を入れ、水を入れて一晩外に置いておきます。

2 十分に凍ったら容器を外し、並べて飾ります。

＊冷凍庫で凍らせてもよいでしょう。

① ② ③ ④ ⑤ 歳児

つららつらら、長くなーれ!

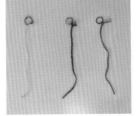

準備するもの

チェーンリング、毛糸、紙コップ
＊外が氷点下になるとあそべます。

作り方

1

【保育者の準備】チェーンリングに、好きな色の毛糸を結びつけます。紙コップに水を入れて毛糸を十分浸します。

2

屋外に吊るし、一晩置きます。これを毎日繰り返してつららを育てていきます。霧吹きで水を吹きかけてもよいでしょう。

ポイント

寒い時期に、数日かけて楽しめます。自分のつららがわかるように場所を覚えておきましょう。

言葉かけ

横から見て!
色がじわじわ
広がっていくよ

① ② ③ ④ ⑤ 歳児

冬のかき氷

準備するもの

絵の具、透明なプラスチックコップ（大・小）、お玉やスプーン

遊び方

1 プラスチックコップに赤・黄・青の絵の具を少し入れ、3色の溶き絵の具を作ります。色を混ぜてもOKです。

2 大きめのプラスチックコップに雪をたくさん入れます。

3 雪に **1** の色水をかけ、小さなスプーンを飾って完成です。

焼きもち、プーッ!!

① ❷ ③ ④ ⑤ 歳児

✓ **着目しよう!** 息を吹き込むと膨らむ、というしかけ作りを楽しむ。

プーッ!
膨らんだ

準備するもの

どんぶり容器、空き箱、レジ袋、曲がるストロー、段ボール板（または厚紙）、空き箱、ペン（油性）

作り方

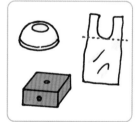

1 保育者の準備
どんぶり容器の底に穴をあけ、空き箱の上と側面にはストロー用の小さな穴をあけておきます。レジ袋の持ち手は切り取ります。

2 保育者の準備
曲がるストローの短いほうに、レジ袋をしっかりと貼ります。子どもは顔を描きます。

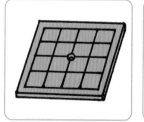

3 段ボール板に焼き網の線を描き、中央にストローを通す穴をあけます。

4 空き箱の上に**3**とどんぶり容器をふせて貼ります。**2**のストローを差し込み、**3**の穴、空き箱の穴に通して完成。ストローから息を吹き込んで、おもちを膨らませましょう。

羽子板さん

1 2 ③ ④ ⑤ 歳児

💿 **着目しよう！**　風船を羽子板に当てることを楽しむ。

風船を
打ち返すよ

準備するもの

プラスチック段ボール板、工作用紙、ビニールテープ、風船、両面テープ

作り方

1

保育者の準備

プラスチック段ボール板を羽子板の形に切り、持ち手の部分にビニールテープを巻きます。

2

工作用紙で手や耳などのパーツを作り、両面テープで貼ります。角はそのままにしておくと危険なので、工作用紙を貼って隠すか丸く切り落としましょう。

遊び方

2人組で、風船を羽子板さんで打ち合って、羽根つきのようにあそびましょう。

> ! **注意**
>
> あそぶ前に自分の羽子板を確認し、「プラスチックの角がぶつかると痛いよ。どうすれば危なくないかな？」と言葉をかけて、角を切り落とします。広い場所であそびましょう。

① ② 3 4 5 歳児
わたしのお顔作り

✅ **着目しよう！** 自分の顔には何がどんなふうについているのか、あらためて認識する。

どう？
似てる？

ポイント

丸い顔、長細い顔など、1人ひとりの顔のパーツの大きさや位置が違ってみんな違う顔だということに気づけるように導きましょう。

準備するもの

色画用紙、ペン、クレヨン、鏡

作り方

1 自分の顔を鏡でよく見て、顔の形や目、鼻、口、耳を観察します。

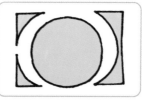

2 色画用紙を自分の顔の形に切ります。

3 他の色画用紙で目、鼻、口、耳、まゆ毛、髪などを作って貼ります。

*ラミネート加工しておくと、繰り返し長くあそべます。

遊び方

目を閉じて、顔の上に目、鼻、口を並べます。目を閉じることを嫌がる子が多いときは、保育者が目隠しをして並べる様子を、子どもたちが見て楽しみましょう。

① ② ③ ④ ⑤ 歳児
くっつきオニくん！

✅ **着目しよう！**　あそびながら、ねらって投げる、投げ方を工夫することを考える。

↕好きなオニを作って楽しみましょう。

準備するもの

トイクロス(17×12㎝)、面ファスナー(接着つきの凸のみ、3㎝幅に切っておく)、段ボール板(50×30㎝)、色画用紙(体用のA5サイズと、パーツ用)、お花紙、丸シール、ペン、クレヨン、両面テープ

作り方

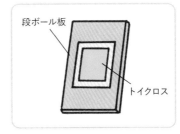

1

保育者の準備

体用の色画用紙(A5サイズ)にトイクロスを貼り、段ボール板の中央に貼ります。

2

パーツ用の色画用紙で、顔、角、腕、足、服を作ってトイクロスのまわりに貼り、オニにします。

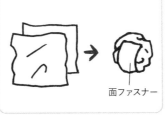

3

お花紙2枚を丸め、テープでぐるぐるまいて固くします。まわりに面ファスナーを貼ってボールにします。

言葉かけ

オニさんのおなかをねらって投げよう。ふんわり投げるとくっつきやすいよ

遊び方

少し離れたところにオニを置き、お花紙のボールをおなかに目がけて投げます。

①②③④⑤歳児

おしゃれ雪だるま

✓ **着目しよう！** ひたすら粘土をこねる行為を楽しみ、混ぜると色が変わっていくことに気づく。

言葉かけ

いっぱい
こねこねすると、
色が混ざっていくよ

準備するもの

軽量紙粘土（赤、青、黄、白）、木の枝、ビーズ、ボタン、毛糸、木工用接着剤

作り方

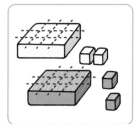

① **保育者の準備**
軽量紙粘土はあらかじめ3cm角くらいに切っておきます。

② ①から好きな色を2つずつ選んで混ぜます。こねたり、ヘビのようにのばしたり、たたいてつぶしたり、重ねてたたんだりして色を混ぜましょう。

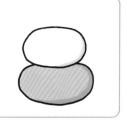

③ 紙粘土を丸めて、雪だるまを作ります。

④ ビーズやボタンで顔を作ります。毛糸を巻いて結んでマフラーに、木の枝をさして手にします。

① ❷ ❸ ❹ ❺ 歳児
おさんぽ♪雪だるま

🎯 **着目しよう！** 「丸」という、自分の目指した形に切れることを意識する。

> **言葉かけ**
>
> 角さん、
> 見つけられるかな

雪だるまさん
おにぎりどうぞ

ポイント
「角を切ると丸
くなる」ことを
知らせましょう。

準備するもの

色画用紙（12cm四方、15cm四方の正方形）、丸シール、ペン、割りばし

作り方

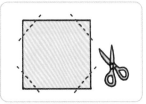

1 正方形の色画用紙の四隅の角を大きく斜めに切り、小さい角も切って丸に近づけます。これを大・小2枚作ります。

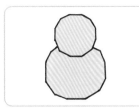

2 1の大・小を上下につなげて、雪だるまにします。

3 丸シールやペンで目、鼻、口を作ります。体に丸シールを貼ったり、手や足を色画用紙で作ったりして飾ります。

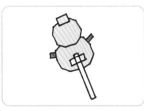

4 裏側に割りばしを貼ります。

遊び方

割りばしを持って歩かせたり、人形劇をしたりします。

113

🁢①❷❸❹❺歳児 落花生のおひなさま

✓ **着目しよう！** 伝統行事を知り、制作して楽しむ。

準備するもの

落花生、柄入り折り紙、厚手の金紙、紙皿、ペン（油性）、両面テープ

作り方

1 落花生2個に柄入り折り紙を巻きつけて貼ります。前合わせのように斜めに重ねると着物のように見えます。

2 ペンで顔を描き、折り紙でかんむりなどを作って貼り、おびなとめびなにします。

3 紙皿に赤のペンで模様を描いて、②を貼ります。金紙を屏風たたみにしておひなさまの後ろに貼ります。

ポイント

本物のおひなさまを見てから作り始めるとイメージがつかめるでしょう。折り紙を二重にすると着物らしくなります。

🁢①❷③④❺歳児 飛べ！おひなさま

✓ **着目しよう！** 息を吹いて、飛ばすしかけを楽しむ。

言葉かけ

ふっ！って強く吹くと飛び出すよ

準備するもの

紙コップ、曲がるストロー、曲がるストローよりも太いストロー、画用紙、色画用紙

遊び方

紙コップの縁のストローから息を吹き込み、ひな人形を飛ばしてあそびます。

作り方

1 [保育者の準備] 紙コップの底の中央と縁に穴をあけ、底の穴に曲がるストローの長いほうを差し込み、縁の穴に短いほうを差し込みます。

2 太いストローの一方をつぶしてテープで貼ります。

3 画用紙をだ円形に切り、ひな人形の顔や着物の模様を描きます。裏面につぶした太いストローを貼ります。

4 1の曲がるストローの上向きのほうに3を差し込みます。

① ② ③ ④ ⑤ 歳児
おしゃれなリンゴちゃん

言葉かけ

折り紙を貼ったら、おにぎりみたいにギュッと握ろう

🕐 着目しよう！ 触る、丸める、広げる、貼るなど、指先をしっかり使うことに意識する。

冬

造形あそび

準備するもの

リンゴ、新聞紙、赤・ピンク系の柄入り折り紙、モール、紙皿、折り紙（黄緑）、ペン

保育者の援助

折り紙を貼るときは、のりは全面に塗り広げることと、端までしっかり塗ることを確認します。

作り方

1 リンゴをみんなで触り、大きさや硬さ、重さ、色、模様、においなど五感で感じます。まん丸ではないことや、へこんでいる部分があることを確認します。

2 新聞紙1枚をクシャクシャにして広げることを、3回繰り返します。

3 ②がリンゴと同じくらいの大きさになるように両手で握り、テープでとめます。へたの方とおしりの方を押して、へこませます。

4 柄入り折り紙をもんでから破り、のりでリンゴに貼ります。枝に見立てたモールを貼ります。紙皿にちぎった折り紙を貼り、模様を描いてのせます。

115

コロコロウサギ

① ② ③ ④ ⑤ 歳児

着目しよう! 転がしてあそぶことを楽しむ。

ポイント
パーツをつけ過ぎると転がすときのじゃまになるので、自分で試しながら作りましょう。

準備するもの

粘着テープなどの芯、色画用紙(13×5㎝を2本、24×5㎝を2本)、丸シール、おもり(使用済の電池など)、両面テープ、ペン

作り方

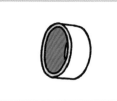

1
粘着テープなどの芯の内側と外側に、好きな色の色画用紙(24×5㎝)を貼ります。

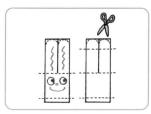

2
13×5㎝の色画用紙2枚(顔と足)に、図のように折り目と切り込みを入れ、耳先と足先は角を丸く切り、うさぎの顔を描きます。

3
顔の下側に両面テープを貼り、1に貼ります。足は前に突き出すように芯に貼り、足先を折って肉球を描きます。

4
保育者の準備
芯の内側に、おもりを貼ります。位置は3の顔の対角線上です。

遊び方

机の上で転がしたり、坂で転がして競争したりしてあそびます。

① ② ③ ④ ⑤ 歳児

はい、チーズ

着目しよう！ スイッチを押すとへこんだり、のぞくと相手が見えたりカメラらしいしかけを楽しむ。

シャッター
チャンス！

言葉かけ

これとこれは
どうすれば
合体できるかなぁ

準備するもの

空き箱、スポンジ、紙コップ、トイレットペーパー芯、リボン、丸シール、包装紙、セロファン、粘着テープの芯、折り紙、両面テープ

作り方

いろいろな材料を組み合わせてカメラを作ります。レンズは紙コップやトイレットペーパー芯、シャッターはスポンジ、のぞくための穴をあけるなど、材料をよく見て組み合わせを楽しみながら、カメラらしく作ります。

遊び方

写真を撮り合い、カメラマンごっこをしましょう。

保育者の援助

いろいろな材料があると、全部使いたくなるものですが、欲張らずに「材料は○個くらいね」と伝えましょう。

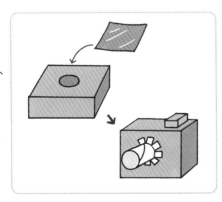

①②③**④⑤**歳児
おしゃれマフラー

✓**着目しよう！** くぐらせる、引っ張るの繰り返しが作品になっていくことを楽しむ。

言葉かけ

色の並べ方が
きれいだね

準備するもの

不織布（10×60cm）、紙テープ（4色各80cm×4本）

作り方

保育者の援助

紙なので、引っ張りすぎると切れてしまいます。力の加減をしながら編むようにアドバイスをしましょう。

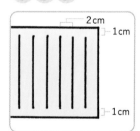

1 **保育者の準備**
不織布は上下1cmほど残し、幅2cm間隔で切り込みを入れます。

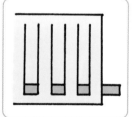

2 1本の紙テープを、右端の切り込みから左に向かって通していきます。切り込みの下から出したら次は上から差し込むことを繰り返しながら、最後の切り込みまで通します。

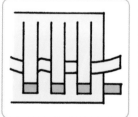

3 2本目は、1本目と色の出方が反対になるように切り込みに通していきます。4本とも繰り返すと市松模様になります。

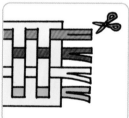

4 左右にはみ出た部分が同じくらいの長さになるように調整し、切り込みを入れてフリンジのようにします。

新聞おんせん

1 2 3 4 5 歳児

着目しよう！ 新聞紙のいろいろな楽しみ方を満喫する。全身を使ってビリビリ裂くことを楽しむ。

言葉かけ

新聞のお風呂、
あったかいですか？

準備するもの

新聞紙（10部くらい）、ポリ袋、粘着テープ、
大きな段ボール箱

保育者の援助

子どもが裂ける量は多くないので、保育者が複数枚重ねて裂き、量を増やしましょう。狭い場所であそぶとぶつかったりすべって転んだりするので、場所を確保してあそびましょう。

作り方

1 新聞紙を広げて、ビリビリに裂きます（縦方向が裂きやすい）。1人で裂くのに飽きたら2人組になって、引っ張り合って裂きます。

2 裂き終わったら段ボール箱に入れたり、囲いの中に集めたりするとお風呂のように入ってあそべます。

3 あそび終わったらポリ袋が、いっぱいになるように入れます。口を閉じ、さらに粘着テープで補強し、ボールにするとサッカーのようにあそべます。

1 2 3 4 5 歳児
つながれ、段ボール

✓ **着目しよう！** 自分が作った物の中に入り、くぐって進む楽しさを味わう。

みんなのトンネル
どこまで
つながるかな？

準 備 す る も の

大きめの段ボール、粘着テープ（10cmくらいに切っておく）、あれば段ボールカッター、いすなど

遊 び 方

入り口からゴールまで、くぐります。

❗ 注 意

衝突を避けるため、一方通行であそびましょう。

作 り 方

1 子どもは2人組になり、段ボールを組み立てます。1人が支え、もう1人がテープどめするなどしましょう。

2 みんなの段ボールを並べて合体させ、スタートからゴールまで通れるようにつないでいきます。倒れないように、要所要所にいすなどを置いて支えましょう。

3 ところどころ段ボールカッターで切り抜いて窓を作ります。段ボールカッターがない場合は、子どもが好きなところにペンで形を描き、保育者がカッターで切ります。

保育者の援助

段ボールをつなげる作業は、子どもたちだけでは難しいので、状況に応じて保育者がサポートしましょう。

①②③④⑤歳児

ぼよよん雪玉

着目しよう！ バランスをとりながら2人組で協力する楽しさを知る。

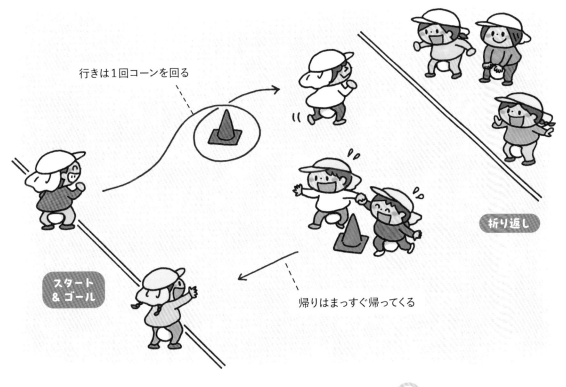

行きは1回コーンを回る

折り返し

スタート＆ゴール

帰りはまっすぐ帰ってくる

準備するもの

小さめの白い風船（1人1個ずつ。ビニールボールやゴムボールでもよい）、カラーコーン

注意

不自由な体勢であそぶので、転倒の可能性を考え、足元に障害物のない広い場所であそびましょう。

遊び方

1 子どもたちは2チームに分かれます。チーム内をさらに2つに分け、スタートラインと折り返し地点に分かれ、風船を足の間に挟んで待機します。

2 保育者の合図で、先頭の選手は風船を挟んだままジャンプやよちよち歩きで進みます。コーンを一周まわって折り返し地点に向かいます。

3 着いたら、待機していた子と2人組になり、風船を挟んだまま手をつないで戻ります。2人そろってゴールしたペアの勝ちです。

＊手をつないだままコーンにぶつからないように進みます。

ポイント

速さよりも風船を落とさないことが大切です。風船やボールは子どもの足で挟める大きさのものを用意しましょう。

①②③④⑤歳児
オニさんはくいしんぼう

✓ **着目しよう！** 友だちと協力してボールを入れる工夫、入れさせない工夫を楽しむ。

準備するもの

大きな紙袋2つ、突っ張り棒2本、カラーボール（チームごとの色）、台4つ、色画用紙、ペン

作り方

紙袋にオニの顔を2つ作って貼り、突っ張り棒にぶら下げます。

！ 注意

衝突しないように、十分な広さのある場所であそびましょう。オニ支え係にボールを当てないように注意しましょう。

遊び方

① 台は適度に離して設置します。各チームから2人ずつ「オニ支え係」を決めて台にのり、相手チームのオニをぶら下げた突っ張り棒を持ちます。

② カラーボールを床にばらまき、スタートの合図でボールを拾って、自分のチームのオニに投げ入れます。

③ オニ支え係は、突っ張り棒を持ち上げたり揺らしたりして、ボールが入るのを妨害します。ただし紙袋をひっくり返してはいけません。

④ 終わりの合図で終了し、それぞれのオニに入ったボールの数を数えます。オニ支え係を交代しながら3回戦行い、入ったボールの合計を競います。

＊2〜3歳児の場合は保育者が突っ張り棒を持って行います。

ポイント

突っ張り棒はただ持っているだけでなく、袋を揺らしたり高低差をつけたりして、オニ支え係も楽しんでできるようにしましょう。

①②**③④⑤**歳児
お名前リレー

💡**着目しよう！** 友だちの名前をみんなで呼ぶことで、あらためてクラスの友だちを認識する。

言葉かけ

ゆかちゃん
いきまーす

準備するもの

トイレットペーパー芯、ひも(大縄跳び用の縄でもよい)、ペン、いす、空き箱

作り方

トイレットペーパーの芯に、自分の名前を大きく書きます。自分で書けなければ保育者が書きます。そのまわりに自分の顔や好きなものを描きます。

ポイント

最初は名前を呼ぶことを楽しみながら渡します。慣れてきたら、徐々にスピードを上げて競争しましょう。

遊び方

1 いすを横一列に並べて座り、箱に名前が書かれたトイレットペーパー芯を入れます。縄を子どもの膝の上に渡し、保育者は端に座ります。箱は保育者の横に置きます。

2 スタートの合図で、保育者は箱からトイレットペーパー芯を1つ取り出して縄に通し、そこに書かれた名前を読みながら、隣の子に渡します。

3 隣の子も同じように名前を読みながら、隣の子に渡します。これをトイレットペーパー芯がなくなるまで繰り返します。スムーズに渡せるようになったら、チーム対抗であそびます。

保育者の援助

子どもが端に座ってスタートするときは、ひらがなが読める子どもが座るように配慮しましょう。

123

① ② ③ ④ ⑤ 歳児
ひろって! お年玉

着目しよう! チームで協力する楽しさを知り、思い切り動いて発散する。

準備するもの

大きめのバスタオルやシーツ、カラーボール、箱

! 注意

衝突しないように、十分な広さのある場所であそびましょう。

＼ ちょっとアレンジ ／

足でお年玉を集める、チームの色を決めて自分のチームの色のお年玉を集める、などしても楽しめます。

遊び方

チーム対抗(4～6人)であそびます。

1 各チームから「お年玉をまく係」を決めます(計4人)。チームごとに、お年玉(カラーボール)を入れる箱を好きな場所に置きます。

2 お年玉をまく係はスペースの真ん中でバスタオルを広げ、その上にお年玉を置いて、四隅を持って落とさないように持ち上げます。

3 保育者の合図で、お年玉をまく係はバスタオルを跳ね上げながら「ひろって! お年玉」と言いながら、スペース内にばらまきます。

4 子どもたちは一斉にお年玉をひろい集め、自分のチームの箱に入れます。まく係と交代しながら繰り返してあそび、お年玉の合計数を競います。

友だちカルタ

（み）さきちゃん
ピンクだいすき

か

み

（か）けっこはやい
たけしくん

🕐 **着目しよう！** 1年の総まとめとして、
クラスの友だちの特徴を互いに確認する。

次いくよー
かけっこはやい
……

準備するもの

絵札（B5サイズの子どもの顔写真やイラスト）、読み札（小さなカード）

作り方

名前を先に書くタイプ

（み）さきちゃん
ピンクだいすき

保育者の準備
絵札に、子どもの名前の頭
文字（1文字め）を書きます。
読み札に文章を書きます。

特徴を先に書くタイプ

（か）けっこはやい
たけしくん

保育者の準備
絵札に、子どもの特徴の頭
文字（1文字め）を書きます。
読み札に文章を書きます。

遊び方

1 子ども全員に、カルタの絵と頭文字、それが誰の
カルタかを紹介しながらバラバラに並べます。

2 保育者が読み札を読み、カルタ大会をします。

！ 注意

自分の札が取れずに悔しくて納得できない子
も出てくるでしょう。始める前に練習をする、少
人数から始めるなどして慣れていきましょう。

① ② ③ **④ ⑤** 歳児

オニは〜、そこ!

✓ **着目しよう!** かがむ、頭を傾けるなど状況に応じた動作を知る。

保育者の援助

子どもたちの様子を見ながら、うまくいくペアはどこを工夫しているのか、情報を共有しましょう。

準備するもの

新聞紙、金紙、マスキングテープ、黒い画用紙、輪ゴム、紙皿、ペン

作り方

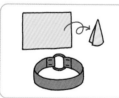

1 **保育者の準備**

黒い画用紙で頭バンドを作ります。子どもは色画用紙を角の形になるように巻いて、マスキングテープなどで模様を貼ります。

2 頭バンドに角を貼ります。2枚重ねて貼った紙皿の真ん中をくり抜き、ペンで色をつけます。

遊び方

2人組であそびます。

1 1人は頭バンドをかぶり、もう1人が近い距離から輪を投げます。投げるときは一歩下がり、「オニはー、そこ!」と言いながら投げて、相手の角に輪を入れます。3回くらい繰り返します。

2 交代して同様にあそんでみて、オニ役になるか、輪を投げる役になるか決めます。

3 全員で横並びになり、一斉に投げっこをする試合形式であそびます。

ポイント

子どもの様子を見ながら、ペアに合った距離を調整しましょう。

② ③ ④ ⑤ 歳児
急いで！冬支度

💡 **着目しよう！** 脱ぐ、かぶる、身に着けるなどの動作を友だちと楽しむ。

準備するもの

段ボール板、エアパッキン、スズランテープ、着替えセット（ネックウォーマー、毛糸の帽子、ミトンの手袋など）、机（チームの数）

作り方

雪だるまそり

保育者の準備 段ボール板にエアパッキンで作った雪だるまを貼り、スズランテープの持ち手を貼ります。

遊び方

1　机に着替えセットを並べ、そりを置きます。1番目の選手は保育者の合図で机まで走り、ネックウォーマー、毛糸の帽子、手袋を身に着け、そりを引っ張ってスタート地点に戻ります。

2　2番目の選手とペアになり、一緒にそりを引っ張りながら机まで走ります。

3　1番目の選手は身に着けたものを脱いでテーブルに置き、今度は2番目の選手がそれを身に着けます。

4　1番目の選手はゴールに向かい、2番目の選手はそりを引っ張ってスタート地点に戻り、3番目の選手と一緒に 2 ～ 3 を繰り返します。全員が先にゴールしたチームの勝ちです。

[著者（プラン考案）]

アトリエ自遊楽校（あとりえじゆうがっこう）

宮城県仙台市にある、「遊び」＋「美術」＝「あそびじゅつ」をコンセプトに「感じる力」を育てる「表現空間」。「本物に出会う体験」と「ものづくり」を通して、次世代を生き抜く創造力、発想力、表現力を養っている。2歳から小学6年生までが、それぞれの年齢に適したカリキュラムの中で五感を通した体験を重ね、それを元に自分のイメージを広げ、絵や立体、文章など、「自分の表現」をみつけていく場所。

[WEBサイト] https://p-kai.com/005/atelier.html

渡辺リカ（わたなべ りか）

アトリエ自遊楽校スタッフとして、日々子どもたちと関わるほか、幼児向けシアターの講師として専門学校やワークショップ、保育図書の執筆も行っている。身体を使って「自分の表現」を行う、ミュージカルクラス『STEP』代表。

[スタッフ]

デザイン・DTP	佐藤春菜
撮影	山路歩夢、アトリエ自遊楽校
写真提供・協力	アトリエ自遊楽校
本文イラスト	秋野純子（春）、ナシエ（夏）、みさきゆい（秋）、ヤマハチ（冬）
編集協力	株式会社スリーシーズン
編集担当	神山紗帆里（ナツメ出版企画株式会社）

子どもが夢中になる！
1～5歳児の季節あそび133

2024年3月8日　初版発行

著　者	アトリエ自遊楽校	©Atelier Jiyuugakko,2024
	渡辺リカ	©Watanabe Rika,2024
発行者	田村正隆	

発行所　株式会社ナツメ社
　　　　東京都千代田区神田神保町1-52　ナツメ社ビル1F（〒101-0051）
　　　　電話　03-3291-1257（代表）
　　　　FAX　03-3291-5761
　　　　振替　00130-1-58661
制　作　ナツメ出版企画株式会社
　　　　東京都千代田区神田神保町1-52　ナツメ社ビル3F（〒101-0051）
　　　　電話　03-3295-3921（代表）
印刷所　図書印刷株式会社

ISBN978-4-8163-7511-8
〈定価はカバーに表示してあります〉
〈落丁・乱丁本はお取り替えします〉

ナツメ社Webサイト
https://www.natsume.co.jp
書籍の最新情報（正誤情報を含む）は
ナツメ社Webサイトをご覧ください。

本書に関するお問い合わせは、書名・発行日・該当ページを明記の上、下記のいずれかの方法にてお送りください。電話でのお問い合わせはお受けしておりません。

・ナツメ社webサイトの問い合わせフォーム
　https://www.natsume.co.jp/contact
・FAX（03-3291-1305）
・郵送（左記、ナツメ出版企画株式会社宛て）

なお、回答までに日にちをいただく場合があります。正誤のお問い合わせ以外の書籍内容に関する解説・個別の相談は行っておりません。あらかじめご了承ください。

Printed in Japan